CB079398

SEMPRE DIGA *Obrigado*

OS SEGREDOS DA GESTÃO QUE GERA *Resultados*

Estratégias práticas para liderar equipes de alto desempenho

JIM EDWARDS
AUTOR DE *COPYWRITING: O GUIA DEFINITIVO PARA TRANSFORMAR PALAVRAS EM OURO*

SEMPRE DIGA *Obrigado*

OS SEGREDOS DA GESTÃO QUE GERA *Resultados*

Estratégias práticas para liderar equipes de alto desempenho

São Paulo
2025

Grupo Editorial
UNIVERSO DOS LIVROS

Say thank you for everything
Copyright © 2022 by Jim Edwards
© 2025 by Universo dos Livros

Todos os direitos reservados e protegidos pela Lei 9.610 de 19/02/1998.
Nenhuma parte deste livro, sem autorização prévia por escrito da editora, poderá ser reproduzida ou transmitida sejam quais forem os meios empregados: eletrônicos, mecânicos, fotográficos, gravação ou quaisquer outros.

Diretor-geral
Alessandro Gerardi

Gerente editorial
Marcia Batista

Produção editorial
Letícia Nakamura
Raquel F. Abranches
Victoria Viana

Tradução
Daniela Tolezano

Preparação
Ricardo Franzin

Revisão
Nathalia Ferrarezi
Tássia Carvalho

Arte
Barbara Garoli
Renato Klisman

Design de capa
Renato Klisman

Diagramação
Nadine Christine

Dados Internacionais de Catalogação na Publicação (CIP)
Angélica Ilacqua CRB-8/7057

Edwards, Jim
Sempre diga obrigado / Jim Edwards ; tradução de Daniela Tolezano. – 1. ed.
– São Paulo, SP : Universo dos Livros, 2025.
224 p.

ISBN 978-65-5609-801-2
Título original: *Say thank you for everything*

1. Negócios 2. Administração 3. Liderança
I. Título II. Tolezano, Daniela

25-3073 CDD 658

Índices para catálogo sistemático:
1. Negócios

Universo dos Livros Editora Ltda.
Avenida Ordem e Progresso, 157 — 8º andar — Conj. 803
CEP 01141-030 — Barra Funda — São Paulo/SP
Telefone: (11) 3392-3336
www.universodoslivros.com.br
e-mail: editor@universodoslivros.com.br

Para Philippa

SUMÁRIO

PARTE III - PESSOAS

PARTE IV - DECISÕES

INTRODUÇÃO

O CHEFE QUE MORDIA AS PESSOAS

Há um motivo pelo qual *O diabo veste Prada* é ambientado em uma empresa de mídia e não, digamos, em uma instituição de caridade que acolhe crianças órfãs. O filme baseia-se em um livro escrito por Lauren Weisberger, ex-assistente de Anna Wintour, a lendária editora-chefe da *Vogue*. Ele apresenta uma Wintour fictícia, chamada Miranda Priestly, como uma sociopata tirânica que tortura psicologicamente os assistentes que trabalham em sua revista de moda.

Embora o filme mostre uma versão exagerada de Wintour — arredia, exigente, volúvel —, ele é, contudo, baseado na vida real. Wintour uma vez disse a Oprah Winfrey que ela deveria perder um pouco de peso, por exemplo. Os assistentes de Anna Wintour costumavam carregar seus casacos para ela como se fossem mordomos. Carregavam suas bolsas. Eram instruídos a não manter contato visual. Recebiam ordens para realizar tarefas pessoais degradantes, como buscar as roupas dela na lavanderia, de acordo com André Leon Talley, ex-editor da *Vogue* que trabalhou com Wintour por 27 anos.

Qualquer pessoa que já tenha trabalhado no setor de mídia deparou-se com chefes como Priestly ou Wintour. Os chefes da vida real muitas vezes são piores que seus homólogos de Hollywood.

Já trabalhei para Steve Brill, o temido autor e fundador das empresas Court TV, American Lawyer, NewsGuard, entre outras. Ele se comportava como um chefe exigente saído diretamente de um roteiro de filme. Acendia charutos no escritório, mesmo que fosse proibido fumar no prédio. Usava suspensórios em vez de cinto. Gritava com as pessoas de quem não gostava. Uma vez, fiz o esboço de uma história na qual estava trabalhando e acidentalmente o deixei na recepção, perto do escritório dele. Era um rascunho inicial e nem perto de estar pronto. Brill o encontrou e o enviou por e-mail para toda a empresa com uma crítica detalhada de tudo o que não havia gostado em minha escrita. Foi humilhante.

Mas eu tive sorte.

Supostamente, Brill mordeu (de verdade, com os dentes), em certa ocasião, um de seus funcionários. A vítima era Jim Cramer, que depois viria a se tornar um famoso investidor de fundos de cobertura e apresentador do programa *Mad Money* na CNBC. Sim, Steve Brill *mordeu* Jim Cramer.

Isso aconteceu em uma festa da empresa organizada por Brill em sua mansão em Westchester, Nova York. Ele tinha uma piscina em casa e fez seus funcionários jogarem uns contra os outros em uma partida de polo aquático. O jogo logo saiu do controle porque Brill odiava perder.

"No exato momento em que eu estava para marcar o que teria sido o gol de empate para o meu time, Brill afundou os dentes no braço que eu estava usando para arremessar, espalhando um jorro de sangue na água clara. Enquanto todas as pessoas olhavam horrorizadas, eu só conseguia rir. Aquilo era puro Steve", escreveu Cramer posteriormente em sua autobiografia.

Não sinta pena de Cramer, aliás.

Como chefe, ele era igualmente terrível em seus piores dias. Em seu escritório de investimentos, a raiva o dominava. Ele destruía máquinas de fax. Insultava os trabalhadores da construção na rua. Odiava até os pássaros no parapeito da janela. Seu psiquiatra tentou prescrever medicamentos para acalmá-lo, mas Cramer recusou, aos berros.

Em certa ocasião, "ele começou a estraçalhar seu telefone na mesa à sua frente. Ele ergueu um monitor e o lançou como se estivesse em uma competição de arremesso de peso. O monitor despedaçou-se no chão a alguns metros", de acordo com Nicholas Maier, que foi funcionário da empresa de Cramer. Maier ficou tão perturbado com o comportamento de Cramer que escreveu um livro sobre ele, chamado *Trading With the Enemy* [Negociando com o inimigo].

Muitos chefes ruins se encaixam no modelo de *chefe ruim de Hollywood*. Já os vi gritando com os colegas. Recebi seus chiliques em CAIXA-ALTA em e-mails endereçados a todo o escritório. Li seus bilhetes escritos à mão — campos de guerra em tinta vermelha.

Há uma única coisa boa em ter um chefe ruim: a experiência nos ensina a não ser um deles. Todo mundo tem uma história de guerra para contar sobre um ex-chefe horrível. Uma parte considerável dos treinamentos de gestão da maioria das empresas consiste em trabalhadores mentalmente decidindo que nunca vão tratar seus colaboradores daquela maneira. Se você acha que ser um gestor significa se comportar como Brill, Cramer, Wintour ou Priestly, prepare-se para um choque; nenhuma empresa decente aceita isso mais. (E, se você está em uma empresa que funciona assim, saia imediatamente.)

POR QUE ESTE LIVRO EXISTE

Aprender com os relatos de guerra sobre chefes ruins é interessante, sem dúvida, mas o que você realmente precisa é de alguns conselhos de senso comum sobre como não ser o pior gestor do planeta. A boa notícia? Não é nada extraordinariamente complicado. Qualquer pessoa pode se tornar um bom chefe se estiver disposta a trabalhar para isso.

Escrevi este livro porque aprendi muito com a cultura de gestão característica da Insider Inc., a empresa de mídia que se tornou conhecida por ter criado a *Business Insider*.

No início, a *Business Insider* era um blog, criado por quatro pessoas em 2007. Elas trabalhavam em um escritório minúsculo no terceiro andar de um prédio sem elevador no número 134 da Fifth Avenue, em Manhattan. Na realidade, o escritório era um local de carga onde as entregas da FedEx eram recebidas por outra empresa.

Quando os motoristas da FedEx chegavam, a equipe da *Insider* tinha de se levantar e tirar suas cadeiras do caminho para deixá-los passar. Nos primeiros anos de existência, muitas pessoas previam que a empresa iria à falência.

Atualmente, a *Insider* conta com cerca de 200 milhões de leitores por mês. Ela gera mais de 150 milhões de dólares em vendas anualmente. Oito anos após seu lançamento, foi vendida por 442 milhões de dólares à Axel Springer, a gigante editora alemã. A empresa vale muito mais do que isso hoje em dia.

A *Insider* é bem-sucedida, em grande parte, porque sua cultura interna é bem diferente da de seus concorrentes.

Também aprendi muito com os meus erros. Aprendi o que não fazer. Como este livro deixará claro, eu tampouco sou o melhor gestor que já caminhou sobre a Terra; longe disso. Mas a boa notícia é que você não precisa ser o melhor gestor para ser bom, alguém que seja eficaz e supere o desempenho de seus pares e concorrentes.

Este livro *não* é um relato oficial das práticas de gestão internas da *Insider*, embora, obviamente, eu tenha sido influenciado por elas. Ele se baseia em minha própria carreira, que abrange mais de 20 anos de trabalho em mais de uma dúzia de empresas, entre elas: CBS News, *Slate*, *Salon*, *The Independent*, MTV, *The Nation*, AOL, *Adweek*, *Brill's Content*, APBnews e *The New Jersey Law Journal*, além de dois jornais diários: *The Herald & News*, do norte de Nova Jersey, e *The Register Citizen*, de Connecticut.

Desde a metade da década de 1990, gerenciei equipes de vários tamanhos; algumas eram pequenas: apenas três pessoas, incluindo eu. Na época em que escrevi este livro, eu gerenciava a divisão de notícias da *Insider*, que contava com 80 pessoas espalhadas entre Londres, Nova York, Califórnia e Singapura. A *Insider* empregava cerca de 600 jornalistas e mais de 900 funcionários no total enquanto eu escrevia este livro, e eu era parte do comitê executivo da empresa, que supervisiona todos eles.

De forma surpreendente, as coisas de que você precisa saber para fazer com que uma equipe pequena trabalhe sem problemas têm muito em comum com tornar uma grande equipe bem-sucedida.

VOCÊ GOSTARIA DE ALGUNS CONSELHOS NÃO SOLICITADOS?

A inspiração original para este livro surgiu em agosto de 2016, quando uma amiga recebeu uma ótima promoção, que a pôs no comando de uma equipe de quase cem pessoas. Liguei para ela, a fim de parabenizá-la pela oportunidade única; contou-me que estava exultante, mas também apavorada de que aquilo talvez fosse demais para ela.

Quando retornei à minha mesa, achei que poderia ser um gesto bacana enviar uma mensagem para ela, com algumas dicas do que aprendera durante aqueles anos. Nada demais. O e-mail que acabei enviando tinha como assunto, de forma sarcástica: "Você gostaria de alguns conselhos não solicitados?". A mensagem incluía uma lista de dezenove truques que, ao longo dos anos, haviam facilitado minha vida como gestor.

Desde então, toda vez que alguém que conheço recebe uma promoção para supervisionar outras pessoas, eu envio para esse conhecido uma cópia daquele e-mail. Não importa o tamanho da equipe, se é formada por uma pessoa ou cem: todos recebem o mesmo e-mail. Dezenove conselhos que ninguém pediu. Dezenas de amigos e colegas meus os receberam.

O e-mail pouco mudou ao longo dos anos. Os dezenove conselhos funcionam bem, não importa quem os receba. Desde que estejam supervisionando alguém, o e-mail é útil. O último conselho na mensagem é:

> Agradeça por tudo. Literalmente agradeça às pessoas todo o tempo pelo trabalho que elas fazem, pelo tempo que elas dedicam. Diga a elas que você reconhece isso. Você pode atenuar praticamente qualquer estresse no trabalho entre o pessoal se disser: "Obrigado por fazer isso, eu realmente agradeço. Foi um grande esforço e não passou despercebido. Ótimo trabalho".

Muitos dos capítulos de *Agradeça por tudo* são uma expansão direta dos dezenove conselhos originais não solicitados daquele e-mail. Mas aquele último conceito, o mero ato de demonstrar gratidão aos seus colegas, é o ponto de partida deste livro.

PARA QUEM SE DESTINA ESTE LIVRO

Este livro se destina a qualquer pessoa que atue em um setor que exija o mínimo de criatividade: mídia, marketing, publicidade, vendas, RP, gestão de projetos, engenharia de software, startups de tecnologia, política, organizações de caridade e sem fins lucrativos — e qualquer outra que você consiga imaginar. Destina-se a qualquer pessoa que atue em um setor voltado para os resultados, como varejo, setor de alimentos, restaurantes ou manufatura. Destina-se a qualquer pessoa que trabalhe em um ambiente em que supervisione uma equipe e seja julgada pelos seus resultados.

Ele foi criado para ser um livro de conselhos breve e fácil de ler, contendo tudo o que você precisa saber sobre gerenciar equipes. Destina-se, sobretudo, a gestores recém-promovidos que nunca foram chefes antes ou a pessoas que repentinamente se encontram supervisionando grupos muito maiores que aqueles com que estavam acostumadas. Ele contém conselhos que deveriam ser úteis até o nível de CEO.

COMO ESTE LIVRO ESTÁ ORGANIZADO

Organizei este livro na esperança de que ele atenda da melhor maneira às suas necessidades como novo gestor. Talvez você nunca tenha supervisionado pessoas antes e esteja diante da sua primeira promoção. Talvez você já gerencie pessoas há algum tempo, mas nunca tenha recebido treinamento formal de gestão, e agora percebeu, sabiamente, que chegou a hora de ter um. Ou talvez sua carreira esteja avançada, mas, como a destinatária do meu e-mail original, agora tenha de lidar com o maior desafio de liderança de sua vida. Este livro contém conselhos que deveriam, a princípio, funcionar em qualquer situação.

Ele começa com as coisas simples: o básico que você precisa saber de imediato, como a melhor forma de lidar com o primeiro dia no seu novo trabalho.

Em seguida, aborda alguns dos problemas mais complicados e profundos que você provavelmente encontrará conforme adquire experiência. Melhorar o desempenho de uma equipe leva tempo, por exemplo, e há uma série de capítulos sobre como fazer isso.

Os capítulos finais abordam questões maiores, mais conceituais e pesadas, como usar dados para resolver problemas estratégicos que podem afetar toda a empresa.

COMO LER ESTE LIVRO

Muito da minha influência vem do serviço de notícias online Axios, que adotou um estilo de escrita específico chamado por seus editores de "brevidade inteligente". O estilo do Axios inclui vários subtítulos, marcadores e listas. Seus artigos geralmente não são escritos como textos que seguem um formato tradicional de narrativa, mas como coleções de pontos relacionados apresentados em uma ordem lógica. Normalmente, eles também são curtos.

A finalidade da brevidade inteligente é economizar o máximo de tempo possível dos leitores, ao mesmo tempo que se entrega o máximo de informações. Da mesma forma, este livro contém muitos capítulos curtos, subtítulos e listas. A intenção é oferecer a você vários pontos de entrada diferentes, caso deseje apenas buscar algo rápido.

Ademais, você não precisa ler tudo do início ao fim, se não quiser. Se tiver pouco tempo (ou se simplesmente não se importa), o final de cada capítulo traz um resumo dos conselhos práticos em uma série de anotações de dez segundos.

Os capítulos estão organizados em quatro temas abrangentes para ajudá-lo a encontrar os grupos de conteúdo relevantes e navegar pelo livro com mais agilidade. Não se sinta limitado por eles.

ISTO É O QUE VOCÊ *NÃO* ENCONTRARÁ NESTAS PÁGINAS

A maioria dos livros de conselhos para gestores são extensos e entediantes. Tentei, de forma deliberada, manter este curto. Ele contém muitos conselhos práticos para o dia a dia.

Este livro foi criado para ser prático em vez de inspirador:

- Não aborda as qualidades míticas da liderança, embora possa ajudá-lo a ser um líder melhor.
- Não é um livro de autoajuda sobre sucesso pessoal, embora possa ajudá-lo a ter mais sucesso.
- Não trata de desenvolvimento de produto, criação de startups, geração de valor ou qualquer uma daquelas coisas típicas de "livros de negócios inspiradores".

Este livro trata de algo simples: como gerenciar pessoas para que suas equipes se tornem mais bem-sucedidas, com o máximo possível de rapidez e eficiência, sem você ser um babaca. Especialmente se nunca fez isso antes.

Obrigado por ler este livro.

AVISO

Todas as histórias que conto neste livro são reais. Que fique claro: muitas delas não aconteceram na Insider. *Muitas são de momentos anteriores na minha carreira. Algumas foram contadas por amigos e ocorreram em lugares em que não trabalhei, mas nos quais pessoas que eu conhecia trabalhavam. Como os relatos muitas vezes envolvem pessoas cometendo erros terríveis, alterei vários detalhes, como nomes, lugares e época, para proteger a reputação dos ex-colegas cujas carreiras não deveriam ser lembradas somente pelo seu pior dia no escritório.*

PARTE I
Liderança

1

PRIMEIRO DIA: O QUE DIABOS ESTÁ ACONTECENDO?

Parabéns! Você tem um novo cargo de gestão. É o seu primeiro dia. Qual é a primeira coisa que você deve fazer?

Ser designado como gestor geralmente é uma promoção em um campo de batalha. As boas empresas quase sempre são lugares extremamente agitados. Há muita coisa acontecendo. É uma loucura. A concorrência é pesada. De repente, alguém sai! E, então, o chefe se vira para você e pergunta: "Você estaria disposto a se apresentar para gerenciar essa equipe?".

Isso significa mais dinheiro e um cargo mais sofisticado. Obviamente, você diz que *sim*.

Há uma boa chance de, ao receber uma promoção, você ser jogado diretamente na fogueira. Espera-se que você gerencie sua equipe desde o primeiro dia. Não há um período de lua de mel.

O trabalho precisa ser concluído hoje. As pessoas precisam ser organizadas; os prazos, cumpridos; as vendas, realizadas. Se você é novo no cargo, precisará de um plano imediatamente.

O que vem a seguir é um bom exemplo de como lidar com o primeiro dia.

NA MESMA SALA, MAS NÃO NA MESMA PÁGINA

Muitos anos atrás, uma amiga foi trabalhar em uma startup obscura de tecnologia que estava desenvolvendo um aplicativo que vinculava os usuários de redes sociais a conteúdo de notícias. (Eu não vou dizer qual é a empresa para poupar a vergonha das pessoas envolvidas.) Era uma pequena empresa em São Francisco, com cerca de 50 funcionários agrupados em equipes de três a seis pessoas. Todas trabalhavam no mesmo andar, no estilo da Bloomberg, ou seja, em um escritório de plano aberto, no qual todos trabalhavam em mesas do mesmo tamanho. Ninguém tinha uma sala com uma porta que podia ser fechada; todas as pessoas podiam ver e ouvir o que as outras estavam fazendo.

Uma das equipes era maior que as outras: ela tinha oito pessoas e era gerenciada por um sujeito que chamarei de Paul. Todo mundo achava que a equipe de Paul era a mais bem-sucedida da empresa. Ela era o coração da firma. Havia criado a maioria dos novos recursos do aplicativo, os quais atraíam a maioria dos novos usuários. A equipe de Paul era a maior, a que fazia mais barulho e a que tinha mais atenção do CEO. Ela ditava o ritmo. Era possível dizer isso pelo volume da bagunça que fazia.

Minha amiga (vamos chamá-la de Kathryn) trabalhava em uma das menores e mais monótonas equipes da empresa, que só tinha três pessoas, incluindo a Kathryn. Suas mesas ficavam próximas à parede, no canto mais distante do escritório, o mais longe possível de onde acontecia a ação. A equipe atraía muito pouco da atenção da gerência ou dos colegas.

Após alguns meses, o CEO abordou Kathryn e pediu a ela que assumisse a liderança da equipe de Paul, que estava seguindo para outro projeto.

É claro que ela disse *sim*. Era uma grande promoção.

O CEO não contou para Kathryn, no entanto, que ele havia decidido de forma deliberada não promover alguém da equipe de Paul; ele queria no comando alguém de fora.

Depois que assumiu a equipe de Paul, Kathryn viu o que realmente estava acontecendo do lado de dentro. Claro, a equipe contava com algumas pessoas de bom desempenho fazendo um trabalho de excelência, porém os resultados vinham declinando há semanas. Eles não estavam enviando produtos suficientes. A equipe estava agitada. Nenhum de seus colegas de fora da equipe sabia disso ainda, porque a reputação da equipe era muito boa. Kathryn não havia sido promovida para dar continuidade ao sucesso da equipe.

Ela fora promovida para ir ao seu resgate.

Seu primeiro problema foi descobrir por que a melhor unidade da empresa estava desorientada. Então, Kathryn começou a entrevistar cada membro da equipe de forma individual. Ela passava 30 minutos com cada um deles. Às vezes, eles iam ao Starbucks para conversar em privado; em outras, acomodavam-se no sofá da recepção na entrada do escritório, longe dos demais.

A primeira pessoa a ser entrevistada pela Kathryn foi Dave.

Ela pediu para falar com Dave primeiro porque a mesa dele ficava em frente à de Paul. Dave era a pessoa que trabalhava fisicamente mais perto de Paul. Ele podia ver e ouvir todas as suas conversas telefônicas, portanto saberia onde estavam os podres. Certamente, Dave poderia atualizar Kathryn com rapidez.

Eles começaram a conversa:

"Como vai?", Kathryn perguntou a ele.

"Eu só quero saber que porra está acontecendo", disse Dave.

"O que você quer dizer?"

"Digo, literalmente. Eu não tenho ideia do que está acontecendo. Ninguém me diz nada. Qual é a situação como um todo? O que deveríamos buscar? Estou trabalhando no escuro."

"Você trabalhava na frente de Paul", disse Kathryn. "Como pode não saber o que está acontecendo?"

"Ele não me contava nada", respondeu Dave.

Kathryn ficou chocada.

Não parecia possível alguém estar bem em frente ao seu chefe, todos os dias, e não saber qual era o plano da empresa.

ANARQUIA BONDOSA NÃO FUNCIONA

À medida que Kathryn entrevistava o restante do time, ela se inteirava de que Dave não era o único. A equipe estava desorganizada internamente. Não havia uma reunião semanal entre eles. Paul não havia estabelecido os prazos ou as metas que deveriam ser cumpridos. Eles não compartilhavam um cronograma de equipe para que as pessoas pudessem ver os eventos nos quais as outras estavam trabalhando. Algumas delas trabalhavam por conta própria e não tinham envolvimento com o restante do time; outras trabalhavam em duplas. Paul nunca lhes havia comunicado uma visão de longo prazo. Em vez disso, ditava instruções durante o processo, do nada. Seus dias consistiam em uma conversa longa e aleatória com a equipe, sem estrutura.

Paul liderava sua equipe como um anarquista bondoso. Quando o grupo era menor, funcionava bem; a equipe de Paul era bem-sucedida quando tinha apenas quatro ou cinco pessoas, incluindo o próprio Paul, e aquele sucesso havia encorajado o CEO a adicionar mais membros. Depois que a equipe cresceu para oito pessoas, porém, as coisas começaram a ruir.

Paul deixava seu time fazer o que bem entendesse e torcia pelo melhor. Agora, a atmosfera dentro da equipe era caótica.

Por que isso deu errado?

A REGRA DOS CINCO

A resposta para essa pergunta é conhecida há mais de um século. Em 1913, um engenheiro agrônomo francês chamado Maximilien Ringelmann publicou um artigo de pesquisa que descreveu um fenômeno curioso: quando ele pedia aos trabalhadores de uma fazenda que puxassem uma corda e produzissem o máximo de força possível por um período estendido, eles faziam menos esforço quando a puxavam como parte de uma equipe do que quando o faziam individualmente. Via de regra, quanto mais pessoas ele adicionava à equipe que puxava a corda, menos força cada membro exercia sobre ela. Ringelmann teorizou que, à medida que mais pessoas eram adicionadas à equipe, a comunicação interpessoal entre os membros se tornava uma distração do objetivo, reduzindo a eficácia do time.

Desde então, o efeito Ringelmann tem sido reproduzido por dezenas de outros cientistas sociais que tentam explicar por que as equipes perdem motivação e coordenação conforme aumentam.

Em um grupo pequeno, com duas ou três pessoas, a comunicação não é grande coisa; fica sempre óbvio o que o gestor deseja e as instruções podem ser comunicadas mediante uma série de conversas pessoais contínuas. É fácil manter-se em sintonia com duas outras pessoas, afinal de contas. Há pouco espaço para desentendimento. Você pode facilmente falar com todas as pessoas da equipe com rapidez.

Assim que a equipe passa das cinco pessoas, no entanto, os problemas começam a aparecer.

Em 1972, um psicólogo da Universidade de Massachusetts, Ivan D. Steiner, concluiu que adicionar uma sexta pessoa à equipe reduz sua eficácia, e o desempenho do time na verdade piora à medida que você adiciona mais membros. Em Harvard, na década de 1970, J. Richard Hackman, professor de psicologia, proibiu seus alunos de se organizarem em grupos de estudo com mais de seis pessoas. Ele publicou artigos que sugerem que o tamanho ideal de uma equipe é de 4,6 pessoas.

Essa estatística de 4,6 se tornou uma lenda da psicologia da gestão ao longo dos anos. As revistas *Fortune* e *Forbes* relataram desde então que 4,6 é o número ideal de pessoas de uma equipe de trabalho produtiva. (É claro que, para atingir esse número ideal, você precisaria cortar alguém em pedaços. Curiosamente, nenhum pesquisador abordou esse ponto em seus artigos.)

Cinco é, portanto, o limite crucial. Qualquer número até cinco é ideal. Assim que você atinge seis, chegou ao limite da disfunção.

Você provavelmente já notou esse fenômeno. Em um jantar com quatro pessoas, todos falam como um grupo e são incluídos na mesma conversa. Qualquer pessoa que não esteja falando pode ouvir as demais claramente. Porém, quando há seis ou mais convidados à mesa, eles provavelmente se dividirão em conversas menores e separadas, em grupos de três ou quatro pessoas. Em um jantar para oito pessoas, os convidados sentados nas extremidades da mesa terão experiências completamente diferentes ao longo da refeição, embora estejam a apenas poucos centímetros de distância um do outro.

Esse era o problema de Paul. Ele estava coordenando um jantar para oito pessoas, mas ainda se comportava como se houvesse apenas quatro convidados à mesa.

AS DUAS PERGUNTAS QUE TODOS OS NOVOS GESTORES DEVEM FAZER NO PRIMEIRO DIA

Outro problema enfrentado por Kathryn era que todos os membros da equipe de Paul eram mais experientes que ela no negócio. Kathryn havia recebido a tarefa de supervisionar uma equipe da qual, tecnicamente, ela era o integrante menos habilitado. Isso era esquisito. Os demais integrantes não tinham qualquer motivo para respeitá-la. Na verdade, eles tinham um bom motivo para ressentir-se dela: sua nomeação como chefe da equipe significava que nenhum deles havia sido promovido.

Ignorar esse problema teria sido ridículo. A honestidade é geralmente a melhor política, então Kathryn decidiu enfrentar a questão de forma direta. Em sua conversa com Dave, ela disse: "Olha, todos nesta equipe sabem mais do negócio que eu, então decidi pedir conselhos antes de começar a dar ordens. Diga-me: o que funciona bem? O que deveríamos fazer a mais?".

Dave respondeu e, em seguida, ela perguntou o oposto: "O que a equipe está fazendo de errado? O que tem dado problema? O que deveríamos parar de fazer?".

As respostas de Dave àquelas perguntas foram ainda mais reveladoras.

Kathryn fazia anotações enquanto ele falava e lhe disse que usaria seus conselhos em um novo plano que ela vinha criando para a equipe toda, na esperança de fazê-la voltar aos trilhos.

Você deve fazer essas mesmas perguntas a cada membro da equipe que supervisiona. Estas são as duas perguntas mais valiosas que você pode fazer a qualquer pessoa em qualquer organização:

- O que funciona?
- O que não funciona?

Praticamente qualquer coisa pode ser melhorada fazendo-se mais das tarefas que são realmente produtivas e deixando-se de lado o trabalho que não vai chegar a lugar nenhum.

TRANSFORME O PLANO *DELES* NO *SEU* PLANO

As respostas que receber para essas duas perguntas serão algumas das informações mais úteis que você terá. Os funcionários quase sempre sabem como fazer o trabalho com mais rapidez, eficiência e produtividade que qualquer outra pessoa. Eles sabem quais são as pequenas coisas que uma empresa pode fazer para economizar. Mas esses segredos, essas eficiências valiosas, permanecem guardados até que alguém da gestão se lembre de perguntar. Transforme o ato de fazer essas perguntas em uma responsabilidade sua.

Você chegará ao final do primeiro dia com algumas grandes vantagens como o novo chefe:

- Sua equipe sentirá que foi ouvida, algo extremamente importante.
- Sua equipe sentirá que está influenciando seu plano para o futuro. (E você conseguirá a adesão dela mais facilmente.)

- Você se beneficiará de todas as boas ideias, algo que pode se transformar em um plano utilizável que trará melhorias mensuráveis para sua equipe. Você obterá um monte de informações úteis apenas perguntando às outras pessoas o que elas acham que você deveria fazer. E isso também o ajudará a superar sua falta de experiência.

Não estou dizendo que você deve passar a fazer tudo o que a equipe propuser; isso seria ridículo. Você é o chefe, então precisa usar seu julgamento sobre o que pode ou não pode ser feito.

No caso da equipe antiga de Paul, organização era a maior necessidade.

Kathryn estabeleceu uma reunião semanal para discutir novas ideias e gerar novos projetos. Ela media o desempenho da equipe consistentemente, mês a mês, para que todos soubessem onde estavam e até onde deveriam ir, e os bombardeava com e-mails coletivos para que todos recebessem a mesma mensagem ao mesmo tempo, evitando confusões. (Sim, eu sei que todo mundo odeia e-mails de trabalho, mas, às vezes, temos de enviá-los!) Isso tudo levou alguns meses, mas os resultados melhoraram e a equipe voltou aos eixos.

DICAS RÁPIDAS

- Agende uma reunião individual com todos os membros de sua nova equipe.
- Pergunte a eles o que está funcionando e o que a empresa deveria fazer a mais.
- Pergunte a eles o que não funciona e o que você deveria deixar de fazer.
- Diga a eles que você vai usar os conselhos em um novo plano para a equipe.
- Transforme o plano deles no seu plano.
- Aumente a comunicação que eles recebem, seja pessoalmente com você, seja por meio de e-mails, seja em reuniões de equipe.
- Lembre-se da regra dos cinco: organize seus subordinados em equipes de até cinco pessoas, se possível.
- Se puder agrupá-los em trios, melhor ainda. Trios funcionam muito bem.
- Leve sua equipe para um almoço no primeiro dia como novo gestor. Isso ajuda no desenvolvimento de laços e a mitigar as diferenças entre os colaboradores.

2

A PIOR PIZZARIA DE TODOS OS TEMPOS DOS ESTADOS UNIDOS COMO MODELO DE BOA LIDERANÇA

Um dos aspectos mais difíceis da gestão é oferecer liderança. A maioria das pessoas não se considera líderes naturais. No entanto, mesmo se você tiver de supervisionar o trabalho de apenas uma pessoa, precisará demonstrar liderança (o que quer que ela seja).

Liderança é um conceito vago, que pressupõe que você deve ser uma figura inspiradora e lendária, um general de guerra, um pregador, um profeta, impossivelmente corajoso ou eloquente, como Churchill, Kennedy, a ativista Tarana Burke ou o escritor Elif Shafak.

Nos filmes, quando Hollywood cria uma cena com um chefe inspirador, você o verá subindo em uma mesa para fazer um discurso. Todo mundo o aclama! As pessoas dão socos no ar! Ouvintes vão ao delírio e jogam coisas para cima em celebração!

Isso não acontece na vida real.

Há um lado teatral da liderança, certamente, mas eu recomendaria não exagerar. É provável que seus colaboradores não queiram vê-lo subindo na cadeira todos os dias para gritar: "Vamos, equipe!".

Em vez disso, pense em Patrick Doyle, ex-presidente da rede de pizzarias Domino's.

"A PIOR PIZZA QUE JÁ COMI"

No final de 2009, uma série de vídeos anteriormente confidenciais, gravados pela rede de pizzarias Domino's, foi parar no YouTube. Os vídeos mostravam os grupos focais internos da empresa, que a Domino's usava para monitorar o que os consumidores achavam dos seus produtos. As gravações dos grupos focais são normalmente feitas por uma câmera escondida atrás de um espelho de dois lados. A pesquisa com esses grupos acontece em salas sem janelas, para que ninguém possa ouvir o que está se passando. Os resultados permanecem fortemente protegidos como segredos corporativos.

As sessões de vídeo foram brutais; os consumidores odiavam as pizzas da Domino's. Em um vídeo, uma mulher disse: "Na minha opinião, a massa da pizza da Domino's parece papelão". Outra acrescentou: "O molho parece ketchup". "A pior pizza que já comi", disse uma terceira pessoa.

Uma das participantes do grupo, uma mulher identificada apenas como Adrienne, fez a equipe da Domino's ouvir um breve discurso em que ela questionava até se a rede entendia o que era uma pizza. No vídeo, sua expressão facial era de uma perplexa irritação. "Pizza? Onde está o amor?", perguntou. "Massa, molho, queijo, ingredientes frescos. Não parece que há muito amor na pizza da Domino's".

A liderança sênior da Domino's assistiu aos vídeos com consternação.

A diretora de marketing, Karen Kaiser, analisou algumas das anotações das sessões: "Esta é ruim: 'Pior exemplo de pizza que já comi'", disse ela.

Assistindo aos vídeos, a gerente de produto Meredith Baker quase engasgou. "É difícil assistir", afirmou. Os consumidores não gostavam de quase nada na pizza da Domino's. Não gostavam do molho, do queijo, da massa. A qualidade da massa foi mencionada repetidas vezes.

"A reclamação sobre parecer um 'papelão' é a mais comum", disse, desolado, Phil Lozen, um executivo de RP da Domino's.

Os vídeos meramente confirmavam a encrenca em que a Domino's estava, o que já era conhecido pela gestão da empresa. As vendas apresentavam forte queda. A organização havia perdido 15% da receita nos dois anos anteriores.

A Domino's e suas 9 mil franquias no mundo todo estavam implodindo lentamente.

Então, o presidente Patrick Doyle decidiu fazer algo a respeito. Cópias impressas das avaliações negativas dos clientes foram colocadas por toda a parte no escritório da empresa em Ann Arbor, Michigan, para que nenhum funcionário tivesse ilusões. "Uma imitação insossa e artificial do que uma pizza deve ser", dizia uma nota. "Parece que falta alguma coisa à massa", dizia outra.

Doyle pediu aos seus chefs corporativos que recriassem o principal produto da empresa do zero. Os funcionários da cozinha executiva experimentaram dez novos tipos de massa, criaram quinze molhos diferentes e analisaram dezenas de novos queijos antes de acertar. “Eles trabalharam dias, noites e fins de semana para chegar a um resultado”, comentou Doyle.

E sabemos disso tudo porque, no início de 2010, a Domino’s relançou sua pizza e transformou os terríveis vídeos internos em uma campanha publicitária. A empresa promoveu seus fracassos anteriores. Como um alcoólatra em recuperação que atingiu o fundo do poço, a Domino’s pediu perdão e uma segunda chance.

Funcionou.

As pessoas ficaram encantadas com a honestidade da Domino’s, e as vendas cresceram 16,5% quase de imediato. Com isso, as ações da empresa explodiram. Nos dois anos anteriores, elas valiam menos de dez dólares cada. De repente, dobraram de valor. Depois, triplicaram. E triplicaram novamente. No momento em que escrevo este livro, as ações da Domino’s são negociadas por 350 dólares cada.

“ISSO É INACEITÁVEL”

A campanha de reviravolta da Domino’s é um dos relançamentos de produto mais ambiciosos e incomuns da história. É possível que tenha sido único.

Foi também um pesadelo logístico. Todos os ingredientes mudaram e, assim, todos os suprimentos tiveram que mudar. A receita foi alterada, o que obrigou todas as 9 mil franquias da Domino’s a aprender como preparar a nova versão. Depois do lançamento da pizza, a Domino’s redesenhou todas as caixas de entrega. A empresa contava com 180 mil funcionários no momento da reviravolta. Cada um deles teve que, em algum momento, trabalhar em algo novo e diferente para fazer o plano funcionar.

Mas não parou por aí. Um vídeo posterior, publicado pela empresa, mostra Doyle segurando uma foto emoldurada de uma pizza horrenda enviada por uma cliente insatisfeita. A tampa da caixa de entrega havia sido amassada sobre a pizza, o que a tornou incomível. Doyle faz uma promessa solene para a câmera: “Isso é inaceitável. Bryce, de Minnesota, você não deveria ter recebido *essa coisa* da Domino’s. Somos melhores que isso”.

Em seguida, a campanha publicitária da empresa mostrou os funcionários da Domino’s rastreando clientes insatisfeitos, inclusive Bryce; pessoas que fizeram avaliações online contundentes. Um vídeo mostrou uma equipe da Domino's seguindo um ex-cliente chamado Bill Johnson até sua casa. Eles cobriram o bairro com panfletos que diziam: "Bill Johnson, você vai amar o nosso novo queijo". Cercado, ele acabou cedendo. Abriu a sua porta da frente e comeu uma fatia gratuita da nova pizza na entrada de casa. É claro que ele adorou.

A campanha foi criada pela Crispin Porter + Bogusky, uma agência de publicidade conhecida por suas ideias excêntricas. Você pode chamar tudo isso apenas de marketing esperto, mas deixaria de entender o ponto principal: uma parte considerável de todo negócio envolve um marketing esperto. Ter esperteza no marketing é uma habilidade valiosa. E o que estava sendo promovido era real: os executivos da Domino's assumiram que sua pizza era um lixo. Eles realmente jogaram tudo fora e recomeçaram do zero. "Basicamente, tivemos que recomeçar para acertar", disse Kaiser, a diretora de marketing.

Mas a alegria verdadeira da campanha é ver os funcionários da Domino's defendendo e promovendo o novo produto. Com a pizza relançada, eles se mostram ávidos para sair por aí apresentando-a ao mundo.

A história da Domino's sintetiza várias qualidades desejáveis em uma boa liderança. Vale a pena resumir o plano da Domino's aos seus pontos básicos, pois é um ótimo exemplo do que é uma boa liderança em uma empresa que precisa mudar:

- A administração assumiu que tinha um problema grave e que não fazer nada não era uma opção. Era impossível dizer que bastava "apenas esperar" que as coisas melhorassem por conta própria.
- A administração foi aberta e transparente com os próprios funcionários e com o público sobre a gravidade do problema. Não se tentou esconder a situação com alguma balela de relações públicas.
- Um plano para corrigir o problema foi elaborado, e ele era claro, ambicioso e de fácil compreensão.
- A administração foi transparente sobre a quantidade de trabalho extra que a reviravolta exigiria. As pessoas trabalharam à noite e aos fins de semana para recriarem o produto do zero.
- A administração acreditava que os funcionários da Domino's tinham talento e habilidade suficientes para melhorar o produto. Eles tiveram liberdade criativa para recriar completamente seu principal produto.

- Um enorme risco foi assumido: a Domino's não sabia se as pessoas gostariam da nova pizza. A empresa não podia forçá-las a experimentar o produto tampouco perdoá-la assim que ele fosse lançado.
- A administração apoiou o trabalho e as pessoas que o realizaram, defendendo a empresa e seu produto contra as críticas. É importante que os funcionários vejam que têm o apoio de seus chefes. Doyle provavelmente deu mais entrevistas para a mídia em 2010 que qualquer outro CEO no planeta.
- Havia um propósito estratégico importante: Doyle, o presidente, transformou a maior desvantagem da empresa, sua terrível reputação, em seu principal ativo.
- Embora os vídeos tenham sido, sem dúvida, vergonhosos para a organização, eles puseram um ponto-final na velha Domino's e deixaram o problema no passado. A empresa não foi mais limitada por sua bagagem histórica. Daquele ponto em diante, uma nova empresa surgiu.

Nada do que Doyle disse foi particularmente inspirador. Ele não era um grande artista, não parecia eloquente, não transmitia poder, não caminhava até o palco vestindo um suéter com gola rolê, como Steve Jobs, da Apple, em sua lendária apresentação sobre "mais uma coisa" nem fez um *TED Talk*. Nos vídeos, Doyle aparece vestindo uma camisa polo em vez de um terno de grife ou uma gravata de seda. Ele parece aquela pessoa que se senta ao seu lado no escritório, não um dos "Mestres do Universo" de Tom Wolfe. Se ele fosse seu vizinho, você nem o notaria.

Mas Doyle tinha um ótimo plano, o qual explicou de forma clara. Ele não ficou de papo-furado com seu pessoal, mas estabeleceu uma meta clara para toda a empresa e apoiou o trabalho. Essa é uma boa liderança. Qualquer pessoa pode fazer isso.

Você pode fazer isso.

DICAS RÁPIDAS

- Não se preocupe em ser um líder. A liderança é um conjunto de práticas, não uma aura misteriosa que você invoca por meio da pura força de sua personalidade.
- Não engane sua equipe. Os colaboradores querem que seus gestores sejam honestos e claros sobre a tarefa à frente. Seja transparente.
- Eles querem saber que você tem um plano, qual é esse plano e que você o organize para que eles possam realizar as tarefas de forma significativa e produtiva.
- Não procrastine. Os funcionários precisam que você tome decisões, especialmente as difíceis. Quanto mais rápido tomar as decisões, melhor. Recusar-se a tomar decisões ou demorar muito para reagir é uma maneira particularmente eficaz de se tornar um chefe terrível.
- Bons líderes mudam as táticas e as estratégias rapidamente quando o mercado ou o ambiente se vira contra eles. Opte por mudar agora, ou a mudança será imposta a você pelos seus inimigos.
- Apoie o trabalho que seu pessoal faz. Deixe-se ver apoiando-o. Acredite nele. Defenda-o.
- Dê aos seus funcionários o máximo de liberdade possível para resolver problemas, gerar soluções e desenvolver novas ideias. (Dentro dos limites cabíveis, é claro. Você está administrando uma empresa, não uma colônia de artistas!)
- Finja até conseguir chegar ao objetivo. Lembre-se: ninguém na administração sabe o que está fazendo também. Apenas faça o seu melhor e aja como se fosse normal.

3

MUDAR É MELHOR QUE FICAR PARADO NO ACOSTAMENTO DIZENDO: "MAS SEMPRE FIZEMOS DESSA MANEIRA!"

A história da Domino's é um exemplo notavelmente claro de como pode ser difícil para você, novo chefe, pedir a uma equipe que comece a fazer uma coisa de forma diferente. Mudar a pizza foi, essencialmente, uma condenação de tudo o que todos na empresa haviam feito nas três décadas anteriores. Quando a diretoria da Domino's disse: "Precisamos de uma nova pizza", foi como se dissesse a todos os seus funcionários: "Vocês são péssimos para fazer pizza".

Seu problema como gestor é que você vai pedir com frequência para o seu pessoal mudar, e isso pode ser bem difícil. Você pode dizer: "Por favor, faça essa nova coisa", mas o que muitos funcionários ouvirão será: "Eu não me importo se você se esforçou muito para fazer essa coisa do jeito que era antes".

"Eu não concordei em fazer essa nova coisa", pode ser a resposta de alguns deles. "Eu fiz o que você pediu para fazer. Qual é o problema?"

As pessoas podem ficar muito irritadas e frustradas com isso. Como gestor, você será o alvo de boa parte da insatisfação. Não será divertido. Na minha experiência, não há uma forma fácil de dizer a um funcionário, a uma equipe ou à empresa inteira: "Você precisa mudar". Você apenas deve ser direto e honesto sobre o assunto.

Também pode falar claramente sobre o preço de não mudar nada.

A BLOCKBUSTER SUCUMBIU À SUA PRÓPRIA TEIMOSIA

Há muitas histórias inspiradoras de inovação na mídia empresarial, relatos de como este e aquele gênio inventaram algo novo e agora o mundo todo está diferente. Entretanto, o que aconteceu com todas as pessoas que não mudaram rápido o suficiente, com as pessoas que fracassaram?

Meu exemplo favorito para responder a essa pergunta envolve a cadeia de videolocadoras Blockbuster, que a maioria das pessoas acredita ter sido forçada a encerrar atividades por causa da internet. Não foi isso que aconteceu. A Blockbuster sucumbiu à própria teimosia.

Em 2000, a Blockbuster dominava o negócio de locação de vídeos. Se você quisesse assistir a um filme de sua escolha à noite, só havia um jeito de fazê-lo: ir à Blockbuster mais próxima e alugar um DVD ou uma fita VHS. No seu melhor momento, a Blockbuster tinha cerca de 80 mil funcionários e 9 mil lojas no mundo todo. Seu valor no mercado de ações era de mais de 5 bilhões de dólares. Na década anterior, praticamente todos os homens, mulheres e crianças nos Estados Unidos e no Reino Unido assistiram a um filme alugado na Blockbuster. Lembrar-se de devolver o filme na segunda-feira de manhã era um ritual semanal onipresente.

É aqui que o narrador em sua mente pode se intrometer para anunciar: "Mas a internet estava para mudar tudo".

Incorreto.

A internet, na verdade, não estava mudando nada para a Blockbuster no ano 2000. Naquela época, a web ainda estava em seus primórdios. A maioria dos usuários a acessava por meio de conexões *dial-up* (isto é, por linhas de telefone), que não eram rápidas o suficiente para carregar os filmes; uma parcela enorme da população não tinha nem sequer acesso à internet; e ninguém tinha um telefone celular capaz de reproduzir vídeos.

Naquele ano, a Netflix, assim como a Blockbuster, era apenas um serviço de locação de vídeos físicos. Nenhuma das duas empresas oferecia um serviço por internet. A única diferença entre elas era que a Netflix permitia que o usuário solicitasse e devolvesse DVDs pelo correio, por períodos mais longos, enquanto a Blockbuster exigia que tudo fosse feito em uma das suas lojas. Diz a lenda que o fundador Reed Hastings teve a ideia da Netflix no final da década de 1990, quando devolveu com atraso um vídeo à Blockbuster e ficou irritado com o alto valor da multa.

Em 2000, no entanto, Hastings estava desesperado, de acordo com o seu livro *A regra é não ter regras: a Netflix e a cultura da reinvenção*. A Netflix vinha perdendo muito dinheiro; ele achava que a empresa não sobreviveria. Então, implorou por uma reunião na matriz da Blockbuster, em Dallas, com o CEO John Antioco, na qual propôs vender a Netflix para a Blockbuster por 50 milhões de dólares, um montante muito modesto para uma empresa do tamanho da Blockbuster. Em troca, Hastings desenvolveria o site Blockbuster.com para ser um novo serviço de locação de vídeos online. A internet ainda não era boa para a reprodução de vídeos, mas logo seria, ele argumentou.

Antioco disse *não*.

Ainda demoraria mais sete anos *após* essa reunião para que a Netflix lançasse seu serviço de streaming online. A Blockbuster teve todo esse tempo para montar sua estratégia online, mas não o fez. A Netflix fez a transição dos DVDs físicos para o streaming online com sucesso em 2007. A internet, por fim, tornara-se um meio mais conveniente para se assistir a um filme do que ter de ir e voltar de uma loja para alugá-lo. No momento em que escrevo este livro, a Netflix vale 300 bilhões de dólares; a Blockbuster faliu em 2010.

A Blockbuster afundou por causa de sua teimosia, não por causa da internet. A prova? A Netflix não foi a única empresa ignorada pela Blockbuster. No início da década de 1990, as empresas de TV a cabo e por satélite começaram a oferecer uma ampla seleção de opções de vídeo sob demanda por meio das linhas de alta velocidade que já tinham instalado nos *decoders* em milhões de residências. A Time Warner, a AT&T, a DirecTV e outras perceberam que disponibilizar um filme para o telespectador sem que ele precisasse sair do sofá era uma fórmula campeã. A Blockbuster considerou adquirir uma dessas empresas por volta de 1993, mas não foi adiante com a ideia; em vez disso, insistiu em suas lojas. Em outras palavras, a Blockbuster deixou passar duas ondas diferentes de mudança iminente.

Atualmente, os serviços de streaming de vídeo geram coletivamente quase 90 bilhões de dólares em vendas por ano. Há dezenas deles. A Netflix é um dos famosos, mas longe de ter domínio global. Se a Blockbuster tivesse adquirido qualquer serviço de vídeo por cabo ou internet entre 1993 e 2007 (catorze anos!), talvez pudesse ter sobrevivido.

Como eu disse, esse foi um caso de teimosia, não de internet mudando tudo.

O SUCESSO NÃO É ALGO ENTREGUE POR DUENDES NO MEIO DA NOITE

É importante descrever a visão geral para que os funcionários entendam a natureza do negócio em que vocês estão e o que está em jogo se a mudança não for possível: o sucesso não aparece magicamente sozinho, não é algo entregue por duendes no meio da noite; ele exige trabalho duro e experimentação.

É muito, muito comum que as pessoas acreditem que seu trabalho seja bom simplesmente porque são elas que o realizam. Várias pessoas acreditam genuinamente que seu trabalho tem um valor inerente. Deve ter, se elas estão sendo pagas pela empresa para fazê-lo, certo? Pode ser difícil para muitos profissionais admitir que trabalharam por um longo período em um projeto cujos resultados foram miseráveis.

Uma equipe ou uma empresa pode se perder rapidamente se os envolvidos estão apenas tentando fazer seu trabalho, com resistência a novas iniciativas. Quando as pessoas fazem a mesma coisa repetidamente, todos os dias, sem mudanças, a esclerose e a inércia tomam conta. A habilidade de uma empresa ser competitiva pode ser julgada pela rapidez com que é capaz de realizar algo novo. Afinal, as organizações não são ilhas; elas estão cercadas de concorrentes. Uma empresa resistente à mudança será rapidamente ameaçada por rivais para os quais a mudança é uma oportunidade.

É difícil mudar. É inconveniente. É trabalho duro, que exige a admissão de que se estava fracassando com aquela coisa antiga e agora é preciso fazer algo novo. Nada disso faz alguém se sentir bem. Mas a mudança é melhor que a alternativa: o desemprego.

Então, vale a pena contar a verdade aos colegas mais céticos. Tudo muda, e eles também devem mudar.

- A tecnologia muda.
- O mercado muda.
- Os clientes mudam.
- Os concorrentes mudam.
- As empresas com as quais você tem parceria (fornecedores, prestadores de serviço) mudam.

Você não quer acabar abandonado no acostamento poeirento, segurando um DVD da Blockbuster e insistindo que tudo ficará bem porque "sempre fizemos dessa maneira".

A mudança pode ser difícil, e é razoável que alguns funcionários fiquem apreensivos com ela. Você precisa ser gentil, mas firme. E, no fim, deve ser honesto com o seu pessoal: apavorar-se toda vez que algo muda não ajuda em nada. Não ajuda a pessoa a lidar com a mudança. Não ajuda a empresa a lidar com a mudança. E, embora a mudança seja uma dor de cabeça, ela é melhor que a alternativa: a Blockbuster.

CLARO, NEM TODO MUNDO RESISTE À MUDANÇA

Na realidade, alguns funcionários adoram mudança. Ela traz novas oportunidades e a chance de aprender novas competências. Para cada chef da Domino's cujo coração foi partido durante a reviravolta, havia provavelmente uma dúzia ou mais de funcionários agradecendo aos céus por finalmente poderem fazer alguma coisa que não parecesse uma merda. Para cada funcionário da Blockbuster que perdeu o emprego de alugar DVDs, dez novas vagas foram abertas em empresas como Netflix, Amazon e HBO para o desenvolvimento de software e novos programas para empresas de streaming de vídeos online.

Tire proveito disso. Incentive esses membros da equipe. Eles são as pessoas que entendem, que estão empolgadas para ver o que as espera. Os construtores e os intensos, que querem criar algo novo e estão dispostos a trabalhar duro para conseguir, aceitarão a mudança de braços abertos.

Essas são as pessoas das quais você precisa.

DICAS RÁPIDAS

- É fácil pedir às pessoas que mudem o trabalho que fazem, mas a mudança é geralmente difícil do ponto de vista logístico.
- Ao pedir aos seus funcionários que façam mudanças no trabalho, você pode dizer: "Faça essa coisa nova, por favor", mas o que muitos vão ouvir é: "Eu não me importo se você se esforçou muito para fazer essa coisa do jeito que era antes". Os colaboradores podem ficar irritados e frustrados quando instruídos a mudar.
- Não há muito que você possa fazer sobre isso, exceto repetir a lógica da mudança de forma clara e explicar o plano para o futuro, como a Domino's fez. À medida que o tempo passa, a resistência diminui.
- Você deve ser direto e honesto com sua equipe quanto a tudo que a mudança envolverá. É importante descrever a visão geral, para que todos entendam a natureza do negócio em que estão e o que está em jogo. Diga a verdade: apavorar-se com a mudança não ajuda; não ajuda a pessoa a lidar com a mudança; não ajuda a empresa a lidar com a mudança.
- A mudança é uma dor de cabeça, mas é melhor que a alternativa: o desemprego.

4

A GUERRA CONTRA O CULTIVO DE COGUMELOS: COMO SE COMUNICAR COM EFICÁCIA

Quando entrei na *Insider*, a primeira equipe que supervisionei era composta de apenas três pessoas: eu, como editor, e dois repórteres. Comandar uma equipe de três era fácil. Nós nos sentávamos próximos uns dos outros. Conversávamos sem sair de nossas mesas. Eu não pensava muito em comunicação porque não tínhamos problemas com ela. Então, lidávamos bem com mudanças. Se algo novo precisava ser feito, apenas o fazíamos. A vida em uma equipe pequena era assim: a mudança era fácil porque a comunicação também era.

Quando me mudei de Nova York para Londres para iniciar a operação britânica da *Insider*, contratei rapidamente doze pessoas para trabalharem comigo.

E foi aí que algo engraçado aconteceu. Eu pedia para uma tarefa ser feita — algo simples, como: "Por favor, certifiquem-se de que a página inicial do site esteja atualizada até o meio-dia!" — e ninguém fazia.

Então, no dia seguinte, eu pedia novamente: "Por favor, mudem a página inicial até o meio-dia, todos os dias!". Não era feito.

No terceiro dia, fui mais firme: "Página inicial! Mudem-na! Meio-dia! Por favor".

Naquele ponto, minha equipe concluiu, com relutância, que mudar a página inicial do site dentro do prazo fazia realmente parte do trabalho, e a tarefa finalmente foi concluída.

Eu não conseguia entender por que agora eu tinha que pedir três vezes, se antes eu o fazia apenas uma vez e bastava.

A PREFEITA DE CHICAGO SE ENFURECE

Talvez o exemplo mais extremo desse fenômeno frustrante envolva Lori Lightfoot, a prefeita de Chicago, uma cidade de 2,7 milhões de pessoas com 35 mil funcionários. Administrar Chicago se parece mais com ser presidente de um pequeno país do que com ser prefeita de uma cidade. Uma enorme parte do trabalho envolve reunir-se com pessoas (residentes, lobistas, aliados ou opositores políticos) e participar de incontáveis reuniões de comitês que mantêm uma cidade grande em funcionamento. A agenda da prefeita sofre uma forte pressão.

Lightfoot, repetidas vezes, havia pedido à sua equipe administrativa que se certificasse de que ela tivesse tempo livre para si todos os dias, de modo que pudesse ficar sozinha para pensar, escrever e fazer planos de longo prazo para a cidade.

Infelizmente, sua equipe cedia muitas vezes à pressão das pessoas que queriam se encontrar com a prefeita e (na opinião dela) falhavam em agendar seu tempo pessoal diário.

Com a paciência esgotada, Lightfoot se enfureceu. Foi à loucura.

Ela enviou um e-mail, agora famoso, em que escreveu: "Eu preciso de tempo livre todos os dias! Eu preciso de tempo livre todos os dias! Eu preciso de tempo livre todos os dias! Eu preciso de tempo livre todos os dias! Eu preciso de tempo livre todos os dias! Eu preciso de tempo livre todos os dias! Eu preciso de tempo livre todos os dias! Eu preciso de tempo livre todos os dias! Eu preciso de tempo livre todos os dias! Eu preciso de tempo livre todos os dias! Eu preciso de tempo livre todos os dias! Eu preciso de tempo livre todos os dias! Eu preciso de tempo livre todos os dias! Eu preciso de tempo livre todos os dias! Eu preciso de tempo livre todos os dias! Eu preciso de tempo livre todos os dias!".

A mesma frase repetida dezesseis vezes.

"Não só uma vez por semana ou alguns dias, mas todos os dias!", ela escreveu mais dez vezes depois disso.

E, então, escreveu mais cinco vezes: "Se isso não mudar imediatamente, vou começar a efetuar cancelamentos eu mesma todos os dias".

"Deu para entender, finalmente?" (Escreveu essa frase treze vezes no e-mail.)

Para deixar claro: não é assim que uma boa gestão deve ser. Uma cópia do e-mail de janeiro de 2021 acabou sendo obtida pelo *Chicago Tribune*.

O jornal escreveu um artigo comparando Lightfoot ao personagem de Jack Nicholson no filme de terror de 1980 *O iluminado*, um escritor que perde a cabeça e começa a datilografar as palavras "Muito trabalho e pouca diversão fazem de Jack um bobalhão" milhares de vezes em centenas de folhas de papel.

Assim que você passa a supervisionar uma equipe de mais de cinco pessoas, contudo, começa a compreender um pouco melhor a atitude de Lightfoot.

"EM QUASE TODOS OS ASPECTOS DA VIDA, VOCÊ PRECISA DIZER ALGO CERCA DE VINTE VEZES ANTES QUE AS PESSOAS REALMENTE ENTENDAM"

A primeira vez que ouvi a frase "A repetição não estraga uma oração" foi em um seminário em Londres apresentado por Eric Schmidt e Jonathan Rosenberg, ex-CEO e ex-vice-presidente sênior de produtos do Google, respectivamente. Schmidt argumentava que grande parte da gestão envolvia simplesmente dizer a mesma coisa várias vezes.

O Google, é claro, tem dezenas de milhares de funcionários; muito mais até que a prefeitura de Chicago. Mas Schmidt tinha o mesmo problema que Lightfoot e eu, só que em uma escala muito maior: "Em quase todos os aspectos da vida, você precisa dizer algo cerca de 20 vezes até que as pessoas realmente entendam", dizem Schmidt e Rosenberg em seu livro, *Como o Google funciona*.

"Se você disser algumas vezes, as pessoas estão ocupadas demais para notar. Mais algumas vezes, e elas começam a perceber um zumbido vago no ouvido. Quando você chegar a 15 ou 20 vezes, pode estar completamente farto, mas é quando elas começam a entender". Vinte vezes!

O *CONE DA APRENDIZAGEM* — E POR QUE ELE É UMA BESTEIRA

Essa ideia de que a repetição é uma grande parte da gestão não é nova.

Em um caso mais famoso, em 1969, o pesquisador acadêmico Edgar Dale sugeriu, em seu modelo do Cone da Aprendizagem, que as pessoas retêm apenas cerca de 20% das informações que recebem de forma verbal. O Cone da Aprendizagem é um diagrama que se parece com uma pirâmide dividida em fatias horizontais. O topo mostra que as pessoas se lembram apenas de 10% do que leem. Mais abaixo, as fatias progressivamente mais amplas mostram que as pessoas retêm somente 20% do que ouvem e, na fatia inferior da pirâmide, 90% do que fazem. O Cone da Aprendizagem de Dale sugere que instruir os alunos a fazer tarefas práticas no formato de lições é um método de ensino mais eficaz que apenas lhes passar as informações.

CONE DA APRENDIZAGEM DE EDGAR DALE

O Cone da Aprendizagem de Dale exerceu muita influência entre os professores. Nas universidades, é comum dizer aos estudantes que eles provavelmente vão reter apenas uma pequena parte do que ouvirem nas aulas, portanto fazer anotações cuidadosas e completar as tarefas em casa são maneiras mais eficazes de aprender.

Na gestão, a maior lição do Cone da Aprendizagem é: se as pessoas se lembram de apenas 20% do que você diz, será necessário dizer a elas em torno de cinco vezes para se criar uma chance de 100% de que algum funcionário tenha compreendido o que você acabou de falar.

Reviravolta no enredo!

O Cone da Aprendizagem de Dale tem sido amplamente desmentido, pois não houve qualquer pesquisa para se chegar na estatística de 20%. As porcentagens de Dale foram inventadas.

Mesmo assim, certamente parece verdade quando você se torna gestor de uma equipe com mais de três pessoas. Você se vê dando as mesmas instruções repetidamente. É um pouco estranho no começo.

"Por que eles não me escutam? Por que as pessoas ignoram o que eu digo?"

Acostume-se. Não é você. Sua equipe não esquece de forma seletiva.

Ocorre que a comunicação simplesmente se torna mais complicada conforme o número de pessoas que você supervisiona aumenta. Você vai precisar se repetir.

A REGRA DOS CINCO ENTRA EM AÇÃO

Em uma equipe com apenas duas outras pessoas, todas podem conversar de suas mesas e todo mundo está em sintonia.

Quando se chega a cinco pessoas, a comunicação fica mais difícil: a regra dos cinco entra em ação. Algumas pessoas se sentarão mais afastadas e não o ouvirão tão bem. Alguém estará em horário de almoço. Alguém terá ido ao banheiro. Haverá pessoas em reunião com um cliente ou uma fonte. De repente, comunicar a mesma coisa, ao mesmo tempo, envolve mais que simplesmente uma conversa rápida.

O problema fica maior à medida que a equipe aumenta. Se você tiver um time com mais de seis integrantes, provavelmente precisará de uma pessoa logo abaixo de si para agir como sua vice e ajudá-lo na gestão dos outros membros. Assim, você está delegando sua comunicação a um subordinado e confiando nele para transmitir instruções idênticas às pessoas que ele supervisiona.

Como na brincadeira de telefone sem fio, algumas coisas se perdem no meio do caminho.

O que você diz não é o que as pessoas ouvem: digamos que você esteja discutindo com sua equipe duas opções possíveis, A e B. Você, como gestor, deve decidir entre elas. Se disser: "Eu gosto da A", é provável que sua equipe ouvirá: "Ele odeia a B". Você pode não odiar B. A opção B pode ser totalmente adequada, mas não é a melhor escolha para a ocasião. Mesmo assim, para algumas pessoas de sua equipe, você agora é alguém que odeia B.

Então, é necessário repetir.

Você não odeia B; só falou que gosta mais de A. Pode levar um longo tempo — e muita repetição — para que todos percebam isso.

Há também uma inércia e uma "fumaça" em equipes e empresas maiores.

As pessoas recebem e-mails e instruções de vários departamentos, o dia todo. Em prol da eficiência, os funcionários tendem a ignorar grande parte das mensagens direcionadas a eles. É simplesmente impossível responder ao chefe, ao departamento de RH, ao pessoal do jurídico, à gerente do escritório, aos clientes, amigos e colegas, e, ao mesmo tempo, fazer todo o seu trabalho no prazo.

Por isso, os funcionários pegam atalhos de forma inconsciente. Se eles ouvem o chefe passando novas instruções, vão pesá-las em relação a todas as outras demandas que concorrem pelo seu tempo e à possibilidade de que um de seus colegas possa concluir a tarefa para que eles não tenham de fazê-lo. Sempre que há uma responsabilidade coletiva, há também a tendência de se esperar que alguma outra pessoa assumirá a tarefa, e é assim que as coisas acontecem.

Você se sentirá como um disco riscado, falando sobre o novo plano pela enésima vez. Lembre-se apenas de que a única pessoa que escuta aquilo repetidamente é você. A maior parte dos funcionários não estava na maioria das reuniões, não recebeu a maioria dos e-mails e não viu a maioria das apresentações que você viu. Para eles, isso é novo. Para cada novo funcionário, isso é novo.

GRITAR COM AS PESSOAS O DIA TODO NÃO É MAIS ACEITÁVEL

Quanto mais pessoas houver em sua equipe, maior a diversidade de estilos de comunicação que você encontrará entre elas.

Infelizmente, tenho idade suficiente para me lembrar de como era trabalhar em meados da década de 1990. No meu primeiro emprego em um jornal, não havia e-mail nem correio de voz. Se você quisesse se comunicar com um colega, precisava falar com ele, cara a cara. Para ganhar tempo, era perfeitamente aceitável nos levantarmos de nossas mesas e gritar para o outro lado da sala. A agilidade é essencial em editoriais. Gritar com seus colegas era a maneira mais rápida e garantida de assegurar que o trabalho fosse feito. Isso era aceito por todo mundo. Era normal. Não gritávamos de raiva (na maioria das vezes); gritávamos porque era mais fácil. "Ei, Jennifer! A polícia está dizendo que há um incêndio no centro de Paterson! Envie um fotógrafo para lá agora, por favor". Esse tipo de coisa.

Hoje, no entanto, os funcionários não acreditam mais que escutar tal gritaria o dia todo seja algo aceitável.

Tão insensato!

Alguns preferem receber instruções em um e-mail, para que possam consultá-lo mais tarde, assegurando-se dos detalhes. Algumas pessoas preferem receber as instruções verbalmente, em uma reunião cara a cara; outras preferem receber mensagens no Slack ou outro software de comunicação no local de trabalho que a empresa usa; outras ainda cresceram em ambientes nos quais o uso de fones de ouvido era corrente e não conhecem outra forma de trabalhar. Superar a barreira dos fones de ouvido no trabalho pode ser um enorme desafio de comunicação.

Então, se você gerencia uma equipe com mais de seis pessoas, meu conselho é comunicar a mesma mensagem por meio de todos os canais de que sua empresa disponha, um depois do outro:

- A mesma mensagem em reuniões.
- A mesma mensagem em e-mails.
- A mesma mensagem escrita em um quadro branco na sala de conferências.
- A mesma mensagem em um memorando impresso.
- A mesma mensagem no Slack ou em qualquer outro sistema interno de mensagens utilizado.

Dessa forma, você atinge todas as pessoas mediante seu meio de preferência, e todo mundo recebe a mesma mensagem (mesmo se estiverem usando fones de ouvido).

Vai parecer o Dia da Marmota, já que você vai dizer a mesma coisa repetidas vezes. Acostume-se. Tenha paciência. Nada vai mudar totalmente de uma hora para a outra.

Acontece que grande parte do seu trabalho como gestor — a maior parte, na verdade — é basicamente comunicação. As pessoas querem saber o que está acontecendo. Elas querem saber da situação como um todo. Qual é o plano da empresa. Qual é o seu plano. Elas querem saber quais são os padrões da organização. Quais são suas expectativas em relação a elas. Elas querem saber onde se encaixam. Querem saber o que você considera um bom trabalho e um desempenho ruim.

A GUERRA CONTRA O CULTIVO DE COGUMELOS

Empresas horríveis às vezes usam uma tática de gestão chamada "cultivo de cogumelos". Trata-se de uma linha de pensamento que preconiza que você deve deixar as pessoas no escuro e alimentá-las com merda.

O cultivo de cogumelos é uma estratégia péssima de gestão. Não a utilize. Para combatê-lo, incentive sua equipe a fazer perguntas a respeito de como e por que as coisas são feitas. Você se surpreenderá com o que as pessoas acham, e normalmente elas presumem o pior.

Uma vez, um membro da minha equipe tinha se convencido de que eu vinha vazando informações sobre seu trabalho para uma pessoa de RP que o estava pressionando muito para não publicar uma investigação que ele fazia sobre uma empresa prestes a pedir falência.

Essa investigação seria profundamente prejudicial para a empresa quando a publicássemos. Seus fundadores estavam desesperadamente tentando salvá-la e negociavam um novo financiamento com seus investidores. De forma crucial, esses investidores não conheciam a extensão da má administração da empresa. Eles já haviam afundado 14 milhões de libras (cerca de 107 milhões de reais) na organização e provavelmente não receberiam esse valor de volta. Nossa reportagem deixaria a empresa totalmente exposta e, assim, é provável que afastasse mais investimentos. Para complicar ainda mais, um dos investidores era um bilionário britânico famoso, excêntrico e litigioso do setor de imóveis.

O que o repórter não percebia era que, depois de cada conversa pelo telefone que ele tinha com a pessoa de RP da empresa, ela imediatamente ligava para mim, porque eu era o seu chefe. Em suas conversas conosco, ela lançava dúvidas sobre o que o outro dizia. Essa pessoa estava tentando dificultar a nossa vida e intoxicando a nossa relação um com o outro. (As pessoas de RP realmente se comportam assim!)

A estratégia da pessoa de RP foi bem-sucedida: esse repórter começou a se preocupar com o fato de que seu trabalho estivesse sendo minado por mim e de que eu pudesse acabar com seu furo.

Ele me confrontou sobre esse assunto, irritado com a suposta traição.

Na realidade, o oposto era verdadeiro. Eu queria publicar a matéria assim que possível porque achava que era um ótimo furo. Ele não tinha ideia de que aquela pessoa estava tentando nos jogar um contra o outro. Assim que soube da verdade, a nuvem preta se dissipou. Uma única conversa acabou com semanas de paranoia. É incrível como o trabalho fica muito mais fácil depois de um pouco de abertura e transparência.

E, sim, publicamos a matéria.

DICAS RÁPIDAS

- Comunique-se o tempo todo. Com frequência, em alto e bom som e com uma linguagem acessível. As pessoas querem instruções simples e claras. Elas querem saber o que está acontecendo, quais são as novidades da empresa e assim por diante. Informe-as quanto aos objetivos, tanto em termos de qualidade como de quantidade.
- Use todos os canais para comunicar todas as mensagens. Pessoas diferentes atribuem diferentes níveis de importância a diferentes meios de comunicação. Use todos eles: e-mail, conversas cara a cara, mensagens diretas e canais de chat internos, além de quadros de mensagens de sua empresa.
- Tenha paciência. As coisas não mudam totalmente de uma hora para a outra.
- Ouça seus funcionários com frequência. Eu me reúno com todos que supervisiono pelo menos uma vez por semana. Às vezes, é uma conversa de acompanhamento breve, de no máximo 15 minutos; em outras, uma longa análise de algo realmente sério, que pode durar uma hora. Converso com os membros da minha equipe constantemente durante o dia enquanto trabalhamos, claro. E há um milhão de e-mails e conversas no Slack. Mas essas reuniões específicas são um momento cara a cara para me assegurar de que, nas palavras imortais de Dave, todos saibam "que diabos está acontecendo".
- A repetição não estraga uma oração. Você vai precisar comunicar tudo pelo menos três vezes, talvez até vinte, para os funcionários finalmente começarem a compreender e realizar a tarefa. Alguns dias de fato se parecerão com o Dia da Marmota.
- A repetição é necessária porque o que você diz não é o que as pessoas ouvem.
- Não guarde segredos. Tente ser o mais transparente possível.
- Agradeça por tudo. Literalmente, agradeça às pessoas o tempo todo pelo trabalho que fazem e pelo tempo que dedicam a ele. Diga a elas que você reconhece o esforço. Diga-o em voz alta. Você pode aliviar muito estresse no trabalho entre os seus funcionários ao dizer: "Obrigado por fazerem isso. Eu realmente agradeço. Exigiu muito esforço e isso não passou despercebido. Ótimo trabalho".

PARTE II
Produtividade

5

PRIORIZAR E EXCLUIR: A MATRIZ DE EISENHOWER PARA AUMENTAR A PRODUTIVIDADE

Você provavelmente está ávido por conseguir o melhor de seus funcionários, por incentivá-los a trabalhar duro e a desenvolver-se, bem como por ver a equipe ser bem-sucedida. Você quer que todos continuamente se tornem mais produtivos.

O problema de pedir a todos que trabalhem mais e melhorem é que se trata de uma mensagem desalentadora e implacável para enviar às pessoas. Ninguém quer se sentir como em uma roda para hamsters. É uma receita para a exaustão.

Os funcionários geralmente trabalham duro. Na verdade, é raro, de acordo com a minha experiência, encontrar algum preguiçoso incorrigível no escritório tentando passar despercebido, fazendo a menor quantidade de trabalho possível. Felizmente, tornar sua equipe mais produtiva e reduzir a exaustão acaba sendo a mesma coisa.

A seguir, mostro uma estratégia para se alcançar esse objetivo.

A INTERNET É A CULPADA PELA EXAUSTÃO

Em primeiro lugar, vamos discutir por que o mundo do trabalho atualmente parece tão exaustivo.

Antes de a internet substituir a vida real, o seu trabalho permanecia no trabalho. Mesmo nos primórdios do e-mail, ele ficava no trabalho. Seu computador estava no trabalho também; ninguém tinha um computador doméstico. Seu chefe talvez telefonasse para você em sua casa (em uma linha fixa!), mas, se você estivesse fora quando ele ligasse, estaria inacessível.

Era normal ir para casa à noite e não pensar em trabalho até a manhã seguinte. Os fins de semana eram completamente livres de trabalho. Não havia isso de verificar suas mensagens no telefone. Não era possível abrir o laptop à noite só para se certificar de algo. Até mesmo emergências eram tratadas no dia seguinte.

Havia uma barreira entre o trabalho e a vida pessoal.

Esses dias não existem mais.

Hoje, é muito provável que sua conta de e-mail esteja em seu telefone e que seu laptop pessoal seja usado tanto para trabalho como para lazer. Muitos chefes gostam de enviar mensagens à noite. Eles podem não esperar que seus funcionários tomem uma atitude em relação a elas imediatamente e só estão tentando se adiantar para o dia seguinte, mas muitos funcionários também gostam de verificar suas mensagens à noite. Não porque estão ansiosos para trabalhar de madrugada, mas porque, assim como seus chefes, estão apenas tentando se adiantar.

O resultado é ficarmos presos em um ciclo de trabalho sempre ligado. Ninguém tem um espaço na mente livre de trabalho. Seu escritório está agora na sua casa, na mesa da cozinha, no seu bolso. A exaustão é decorrência direta da internet e dos smartphones.

Eu sou uma vítima disso também. Enquanto escrevo este capítulo, só consigo me lembrar de duas vezes na semana passada em que não verifiquei institivamente meu telefone para acompanhar o trabalho:

- Quando estava nadando na piscina do meu bairro.
- Quando estava dormindo.

Não é surpresa, então, a exaustão ser um problema, se a única maneira de escapar do trabalho é estar inconsciente ou se esconder debaixo d'água.

Sua equipe provavelmente sente isso ainda mais do que você, porque os chefes tendem a subestimar o tempo que as tarefas levam para ser concluídas. Aqui estão algumas táticas que eu uso para reduzir a exaustão e aumentar a produtividade.

PRIORIZAR E EXCLUIR: A DIFERENÇA ENTRE URGENTE E IMPORTANTE

Há uma citação famosa, em geral atribuída ao presidente Dwight D. Eisenhower: "O que é importante raramente é urgente e o que é urgente raramente é importante". Na verdade, historiadores e pesquisadores que tentaram descobrir o autor original dessa frase acreditam que Eisenhower talvez a tenha ouvido de alguém e a repetiu em um discurso na Universidade Northwestern em Evanston, Illinois, em 1954.

Nesse discurso, Eisenhower disse: "Eu tenho dois tipos de problemas, o urgente e o importante. Os urgentes não são importantes, e os importantes nunca são urgentes". Eisenhower comentou que ouvira a frase de "um ex-presidente da faculdade", mas não disse quem era.

Desde então, essa máxima ganhou vida própria por causa da reputação de Eisenhower de ser capaz de fazer o serviço. Ele foi um general cinco estrelas na Segunda Guerra Mundial e planejou a invasão da Normandia em 1944, que foi decisiva na vitória dos Aliados na guerra. Ele aprovou a criação da NASA, dando início à corrida à Lua. Enviou tropas federais para garantir a integração racial nas escolas do Sul segregacionista dos Estados Unidos e deu início à construção do sistema de rodovias interestaduais. Além disso, em seu discurso de despedida, em 1961, inventou o conceito de "complexo militar-industrial".

Claramente, Eisenhower foi um cara produtivo.

Por causa disso, as pessoas reviraram sua vida buscando pistas para explicar sua habilidade prodigiosa de alcançar enormes realizações. Chegaram a transformar a frase "o que é importante raramente é urgente e o que é urgente raramente é importante" em um sistema para tomada de decisões, chamado de Matriz de Eisenhower. Nesse sistema, você faz uma lista de pendências e classifica as tarefas a serem feitas como "importantes" ou "urgentes", priorizando a importância em vez da urgência.

A classificação funciona assim:

1. Urgente e importante.
2. Importante, mas não urgente.
3. Não importante, mas urgente.
4. Não importante e não urgente.

É claro, você começa lidando com a tarefa número 1. Conforme vai descendo pela lista, rapidamente observará que suas chances de concluir todas as tarefas se tornam menores com o tempo. Isso é normal. Ninguém liga se você não concluir as tarefas mais triviais da sua lista. A chave é ter lidado com as coisas mais importantes. (As pessoas realmente notam quando você fracassa nelas!)

Eu acredito muito em listas de pendências. Elas são uma boa maneira de demonstrar para si mesmo que não há como fazer tudo o que está nela. E isso, por si só, é uma boa forma de estabelecer prioridades para si mesmo e sua equipe. Resolva as prioridades primeiro e não se preocupe se as tarefas de menos importância forem deixadas de lado.

FAÇA COM QUE TODO MUNDO PRIORIZE TAMBÉM

Vale ressaltar que você deve pedir à sua equipe que façam isso também.

Às vezes, peço aos colegas que concluam uma nova tarefa importante e a resposta que recebo é: "Estou muito ocupado com todo esse trabalho". Nós todos já resmungamos internamente quando nossos chefes nos pediram para fazer algo novo. "Ele não consegue ver que já estou ocupado?"

Sempre que encontro um funcionário que alega estar ocupado demais, peço a ele que me conte sobre todas as coisas em que está trabalhando e as anoto em uma lista. Como esperado, ele de fato tem muito a fazer. Então, eu digo: "Ok, vamos priorizar este trabalho. Você vai fazer as coisas mais importantes primeiro. Se não conseguir chegar às menos importantes, tudo bem. Ninguém vai ligar".

EXCLUA AS TRÊS TAREFAS MENOS IMPORTANTES DA LISTA DE PENDÊNCIAS DE TODO MUNDO

O charme do método de priorizar e excluir é que as tarefas lá no fim da lista de cada dia se autoexcluem. Se você não chega a elas, elas não acontecem.

Na vida real, porém, muitos funcionários sentem que não têm o poder ou a permissão para remover tarefas relacionadas ao trabalho. Você precisa, portanto, deixar totalmente claro para os membros da sua equipe que ficará feliz de classificar as prioridades para eles e excluir as tarefas mais triviais.

Para enfatizar a vantagem de priorizar, eu digo: "Se você acha que tem coisas demais para fazer, deixe que eu excluo as três tarefas menos importantes na sua lista".

Isso atrai a atenção das pessoas. Ao dizer que vai *reduzir* o trabalho de um funcionário, você na verdade apresenta o novo conjunto de prioridades como uma vantagem para eles: menos trabalho!

Você deve agir com seriedade aqui. Não há como resolver o problema da exaustão exigindo trabalho extra das pessoas. Porém, você fará um grande progresso ao priorizar o trabalho que devem fazer e cancelar as tarefas mais triviais que estão exaurindo a equipe.

Na prática, eu costumo notar que minha oferta de reduzir trabalho é educadamente recusada. As pessoas muitas vezes preferem manter o controle das próprias listas de pendências. Elas querem decidir por conta própria o que deve ser excluído, não que você faça isso. Querem estar no controle do próprio trabalho. Isso não é necessariamente um problema, desde que haja o compromisso de as tarefas prioritárias no topo da lista serem concluídas e que é aceitável se as que estão no final não sejam feitas.

DÊ À SUA EQUIPE O DIREITO DE PRIORIZAR E DE FORÇÁ-LO A FAZER ISSO TAMBÉM

Os funcionários tendem a não querer dizer que estão sobrecarregados de trabalho. Eles sentem que, se o fizerem, parecerão incompetentes. Então, continuam a dizer sim para seus chefes até que algo colapse. A configuração-padrão da gestão, no entanto, é você constantemente pedir aos funcionários que façam coisas novas, iniciar novos projetos ou resolver novos problemas. É comum que se adicionem tarefas em vez de removê-las. Então, se quiser que seus funcionários se concentrem nas tarefas prioritárias no topo da lista, você deve lhes dar o direito de dizer: "Isso é demais. Você pode priorizar o que quer?". Isso fará com que *você* racionalize suas prioridades para *eles*.

Priorizar é uma via de mão dupla. Você precisa exigir isso *deles*, mas eles também devem ser capazes de conseguir isso de *você*.

FAÇA COM QUE SEUS FUNCIONÁRIOS MAIS PRODUTIVOS TRABALHEM MENOS

Há um ditado cínico nos círculos de gestão que ouço bastante: "Se você quer que algo seja feito, peça para uma pessoa ocupada".

Essa citação, de 1856, é de autoria do Rev. W. J. Kennedy, um inspetor escolar britânico de Lancashire e da Ilha de Man. A frase original, contida em um de seus relatórios, era: "Se você quer que algo seja feito para você, deve pedir a um homem ocupado para fazê-lo".

Trata-se de um conselho horroroso para gestores.

Se você fosse o gerente do campeão de Fórmula 1 Lewis Hamilton, não pediria para ele lavar as roupas dos colegas de equipe antes de cada corrida, não é mesmo? É óbvio que não. Isso seria ridículo. Você quer que Lewis Hamilton concentre-se em uma única coisa: pilotar com rapidez. Ele não deveria se preocupar com os uniformes da equipe.

Uma de suas prioridades, portanto, deve ser arejar a agenda do seu pessoal mais produtivo. Suas estrelas são as que farão sua equipe chegar ao objetivo planejado. As pessoas mais produtivas estabelecem o ritmo; já as menos experientes aprendem com elas e com o seu sucesso.

Como o pessoal mais produtivo é tão bom no que faz, porém, é tentador jogar mais trabalho em suas costas.

Isso é errado.

Abra caminho para eles. Permita que se concentrem no trabalho mais importante e nada mais.

Você deve fazer a mesma coisa como gestor: mantenha o foco no seu pessoal mais produtivo. Essa é uma noção sobre a qual gestores falam bastante, chamando-a de regra de 80-20. Na verdade, não é exatamente uma regra, e mais um aforismo. Para gestores, é uma sugestão de que você obterá 80% dos resultados de 20% dos funcionários. Não se preocupe se 80-20 é uma métrica literal ou não; esse não é o ponto. O que importa é que certamente *parecerá* que os principais 20% da sua equipe entregam a maioria dos resultados.

Isso significa que você deve tentar investir uma porção muito maior do seu tempo nesses 20% do seu pessoal com o melhor desempenho. Com isso, obterá os melhores resultados. O cerne da regra é que você, como gestor, não quer gastar a maior parte do seu tempo com as pessoas de pior desempenho. Essa é uma maneira ruim de aproveitar o seu tempo.

Você observará que priorizar, concentrar-se no trabalho mais importante, ignorar tarefas triviais e ativamente fazer as pessoas trabalharem menos são extensões de um tema que já comentamos aqui: descobrir o que funciona e o que não funciona; isso é deliberado. Seu trabalho como gestor é reiterar constantemente esse processo: concentre-se no que funciona e esqueça o que não faz o negócio girar.

DICAS RÁPIDAS

- Faça com que toda a sua equipe priorize o trabalho. Certifique-se de que lidem com as coisas mais importantes primeiro.
- Está tudo bem se as coisas menos importantes não forem feitas. Ninguém se importa.
- Leve a sério a priorização das tarefas mais importantes, que devem ser feitas, e leve igualmente a sério o fato de não se preocupar com as tarefas mais triviais do final da lista.
- Fazer menos é a mesma coisa que priorizar.
- As pessoas entram em exaustão porque tentam fazer de tudo. É muito mais importante que elas façam apenas o que é mais necessário.
- Exclua as três tarefas menos importantes da lista de pendências de todo mundo.
- Dê aos seus funcionários o direito de forçá-lo a priorizar o trabalho deles.
- Lembre-se da regra 80-20: você provavelmente obterá 80% dos resultados dos 20% mais produtivos da sua equipe. Use isso como um guia para investir o seu tempo.
- Limite o e-mail a certas horas do dia. Tente não enviar mensagens aos seus funcionários antes ou depois do horário de trabalho.
- Ao tentar estabelecer prioridades para si ou para qualquer outra pessoa, as listas de pendências redigidas manualmente de fato funcionam.

6

TUBARÕES E ZEBRAS: COMO CONSEGUIR UM BOM TRABALHO DA SUA EQUIPE

Anteriormente, sugeri que, no seu primeiro dia em um cargo de gestão, você perguntasse a todos os funcionários o que eles achavam que estava funcionando bem e o que não estava. Assim, poderia desenvolver um plano para investir mais tempo e mais recursos do seu pessoal nos aspectos mais bem-sucedidos do negócio, afastando, de forma consciente, as atividades que eram uma perda de tempo. Não se engane ao pensar que precisará fazer apenas um plano, uma única vez. Faça disso uma missão constante do dia a dia, um processo contínuo.

Eu tenho um nome para esse processo: tubarões e zebras. Recomendo que você agende reuniões regulares com sua equipe para que todos descrevam seus tubarões e suas zebras. Um tubarão é um grande sucesso; uma zebra é, como você pode ter adivinhado, um fracasso.

COMEMORE E EXPLIQUE OS TUBARÕES

Nesse tipo de reunião, é importante que cada pessoa explique em voz alta por que o tubarão em que ela trabalhou foi um sucesso. Não basta dizer: “Trabalhamos nesse projeto e ele foi um êxito”. Você precisa saber exatamente por que aquele produto ou serviço foi um sucesso, e isso deve ser demonstrado com números. O sucesso não se baseia em mágica ou fé; informações específicas são necessárias.

O produto ofereceu um diferencial em relação aos de outras empresas? O serviço foi mais barato que o da concorrência? Você facilitou o atendimento aos clientes em comparação com seus rivais? Você adotou táticas mais eficientes de mídias sociais? Sua estratégia de marketing ou RP foi mais rápida ou sagaz?

Um trabalho superior não acontece simplesmente porque um gestor acha que é uma boa ideia. As empresas têm de conquistar seus clientes e usuários.

Há inúmeros motivos pelos quais uma oferta pode se tornar um grande sucesso, enquanto outra afunda sem deixar vestígios. Seus funcionários devem ser capazes de explicar o que aconteceu e por quê.

O processo de explicação não só faz com que você saiba do que seus clientes gostam como gera novas ideias e temas para trabalhos relacionados, que podem ser igualmente bem-sucedidos. A geração de novas ideias tem por si só um valor importante (que discutiremos mais adiante no livro).

É também uma oportunidade para que você e seus colegas aplaudam excelentes novos trabalhos. "Elogie quando notar" é um bom mantra a ser usado nesse caso. (Na verdade, ele vem de um método de incentivo ao bom comportamento de crianças pequenas, mas vamos ignorar isso!) Uma parte importante da gestão é reforçar o bom desempenho no trabalho. Se uma pessoa fez algo direito, diga-o para ela. Se uma pessoa vai além do que é esperado, mostre a ela que você reconhece o esforço. Elogie o bom trabalho com frequência, toda vez que o notar. O reconhecimento frequente e os agradecimentos são muito úteis. (Agradeça por tudo!)

Você também deve elogiar publicamente o bom trabalho. Considere enviar um e-mail para toda a equipe ou uma observação positiva ao seu CEO, com seus colegas em cópia, quando alguém de sua equipe fizer um trabalho excelente. Dizer às pessoas que elas fizeram um bom trabalho não se trata apenas de reconhecer que um indivíduo está indo bem; trata-se também de dar o tom para as outras pessoas da equipe. Se elas o virem dizendo para Rebecca que você realmente gostou daquele último projeto que ela concluiu, a mensagem secundária comunicada a todos da equipe será: "É assim que um bom trabalho deve ser feito. Sejam como Rebecca". Elogiar quando notar não envolve apenas um elogio, mas apresentar um modelo para as demais pessoas.

Ainda mais importante para você como gestor: com uma análise regular dos êxitos de cada pessoa na sua equipe, você poderá observar padrões emergentes e que mudam com o tempo. Seu trabalho como líder é tornar seu pessoal mais produtivo e bem-sucedido. Nesse sentido, identificar claramente como o sucesso ocorre e como repeti-lo com outras pessoas da equipe é crucial.

Elogie o que é menos óbvio também. Quando fico trabalhando até tarde e a equipe de limpeza chega para esvaziar as lixeiras, gosto de ver quantas pessoas agradecem quando seus papéis amassados e suas embalagens velhas de sanduíche são levados embora. Nunca chega a 100%. Algumas pessoas parecem quase envergonhadas de falar com a equipe de limpeza. A maioria dos escritórios, no entanto, viraria um aterro sanitário em poucos dias se os faxineiros parassem de trabalhar. Um exército precisa de soldados e generais, ou não vai a lugar algum. Então, não se esqueça de agradecer aos soldados também.

INTERROMPA DE FORMA ATIVA AS ZEBRAS E ENTENDA O PORQUÊ

Em uma reunião de tubarões e zebras, cada colega deve, necessariamente, descrever também um fracasso. Quando um produto não repercute entre os clientes, em geral não é por mero azar. Muitas vezes, em retrospecto, é possível determinar por que um fiasco foi um fiasco.

O preço era alto demais. O marketing usou jargões técnicos demais. As instruções eram confusas ou inúteis. O design do pacote era ruim. Talvez a ideia parecesse ótima na sala de conferências, mas, no mundo real, poucas pessoas realmente precisassem dela ou a achassem interessante.

Mais uma vez, o ato de articular as razões do fracasso de algo ajuda a evitar de forma consciente os mesmos erros no futuro.

Todo mundo quer aprender com o sucesso, mas, curiosamente, é o fracasso que mais nos ensina. Perceber de forma rápida que algo não está funcionando e mudar tornará sua equipe muito mais produtiva — e com mais agilidade que qualquer outra tática.

É por isso que articular em voz alta tanto os sucessos como os fracassos é tão importante.

TUBARÕES E ZEBRAS MELHORAM O DESEMPENHO TOTAL AO LONGO DO TEMPO SEM A NECESSIDADE DE NOVOS FUNCIONÁRIOS OU NOVAS COMPETÊNCIAS

Há outro motivo pelo qual o método de tubarões e zebras funciona tão bem: matemática.

Pense em como as médias funcionam. Você provavelmente aprendeu a calcular uma média nas aulas de Matemática do Ensino Médio. É fácil: você soma todos os valores e divide o total pelo número de pessoas que os gerou. Isso dá a você uma média do desempenho de todas as pessoas no grupo.

A média inclui desde a pior até a melhor pontuação. Agora, suponha que seus funcionários possuam habilidades aproximadamente semelhantes, mas os produtos nos quais trabalham variem em popularidade junto aos clientes. É óbvio que, se você puder fazer com que a pessoa de pior pontuação deixe de repetir essa pontuação, mudando-a para uma área do negócio que produz melhores resultados, você proporcionará que o desempenho médio de sua equipe inteira aumente proporcionalmente.

Aqui, temos um exemplo teórico tão simples que chega a ser ofensivo, mas vou explicá-lo mesmo assim, porque quero que você entenda como as médias funcionam em um nível visceral e como utilizá-las a seu favor.

Digamos que você trabalhe em uma concessionária de veículos que comercializa apenas carros vermelhos, amarelos e verdes. Há três vendedores: Tom, Dick e Harriet. Tom é responsável pela venda de carros amarelos, Dick vende carros verdes e Harriet, os vermelhos. Também suponhamos que os três sejam igualmente competentes como vendedores e muito bons em equipe. A única diferença entre eles é a responsabilidade de cada um por vender uma cor específica de carro.

No primeiro mês de trabalho, o registro de vendas está assim:

VENDAS DA CONCESSIONÁRIA DE CARROS, PRIMEIRO MÊS

O que está acontecendo aqui?

Claramente, os clientes não gostam muito dos carros vermelhos. Eles também não têm muito apreço por carros verdes. Mas os carros amarelos são um grande sucesso.

Os carros amarelos são os tubarões; os vermelhos, as zebras. Então, você decide utilizar o processo de tubarões e zebras, de forma incremental. Ao simplesmente orientar Harriet a vender carros amarelos, ela também poderá vender dez carros por mês. Se isso acontecer no próximo mês, o resultado será o seguinte:

VENDAS DA CONCESSIONÁRIA DE CARROS, SEGUNDO MÊS: DEPOIS DE TRANSFERIR UMA FUNCIONÁRIA DO CARRO MENOS VENDIDO PARA O MAIS VENDIDO

Agora, tanto Tom como Harriet estão trabalhando em projetos que são tubarões. Em comparação, os carros verdes, que são responsabilidade de Dick, parecem fracassos.

Obviamente, se você também mudar Dick para a equipe dos carros amarelos, a média melhorará ainda mais; ela seria de dez carros por mês para cada um dos três vendedores. Seu total de vendas cresceria para 30 carros por mês, e antes era de 18. É um aumento de vendas de 67% em comparação com a situação inicial:

VENDAS DA CONCESSIONÁRIA DE CARROS, TERCEIRO MÊS: DEPOIS DE TRANSFERIR TODOS OS FUNCIONÁRIOS PARA O CARRO DE MELHOR VENDA

O mais importante é que a *média* e o *total* cresceram sem que você precisasse contratar mais funcionários. Você simplesmente alterou o que sua equipe estava fazendo. Você fez com que Harriet e Dick deixassem de trabalhar com carros fracassados (as zebras) e atribuiu a ambos a venda dos carros de alto desempenho (os tubarões).

Agora, pense no que *não* foi feito: você não forçou Harriet nem Dick a se esforçar mais ou a trabalhar mais rápido. Ninguém da equipe melhorou o desempenho. Eles não precisaram desenvolver novas habilidades ou adquirir novos conhecimentos. Não chegaram mais cedo ou ficaram até tarde. Ninguém teve de trabalhar aos fins de semana. Mas você conseguiu os resultados de qualquer maneira, simplesmente mudando as pessoas de tarefas de baixo valor para as de alto desempenho.

Esse é o valor do processo de tubarões e zebras. Não se trata apenas de tornar as pessoas mais produtivas ou de comemorar o sucesso, embora ambas as situações sejam excelentes; trata-se do benefício de aumentar o desempenho médio da sua equipe e os resultados totais que ela obtém *sem exigir nenhum trabalho, competência ou pessoal adicional.*

Como gestor, se você continuar a eliminar as tarefas de menos sucesso e a transferir as pessoas para as de melhor resultado, utilizando o processo de tubarões e zebras para gerar novas ideias que podem ser ainda melhores que as que geram bom desempenho, provavelmente obterá ganhos incrementais contínuos.

O mais importante: você não precisa ser um gênio sobre-humano da gestão para fazer isso. Só precisa descobrir qual é o desempenho médio da sua equipe e agir para aumentá-lo.

DICAS RÁPIDAS

- Use o método de tubarões e zebras: insista junto aos funcionários para que digam o que funcionou e os motivos desse êxito. Em seguida, peça que relatem o que fracassou e por quê.
- Descubra o que gera resultados acima da média e faça mais disso. Elogie o sucesso quando o notar, para que todos recebam a mensagem.
- Use exemplos de sucesso para gerar novas ideias sobre outros tipos de trabalho, produtos ou serviços que também possam ter êxito.
- Interrompa o trabalho em tarefas de baixo desempenho.
- Transfira os funcionários de áreas com baixos resultados para projetos de resultados acima da média.
- Afastar os funcionários das zebras e integrá-los aos tubarões melhora o desempenho ao longo do tempo.
- O processo de tubarões e zebras gera aumento de desempenho com o tempo, sem a necessidade de adicionar novos funcionários ou de fazer com que sua equipe trabalhe ainda mais.

7

O INCRÍVEL PODER DE SER UM POUCO MELHOR QUE A MÉDIA

Sir Alex Ferguson, ex-técnico do Manchester United, provavelmente foi o melhor técnico de esportes de todos os tempos. Seu time venceu a Premier League inglesa 13 vezes, a Copa da Inglaterra 5 vezes e a Liga dos Campeões da UEFA 2 vezes. Ferguson foi tão bem-sucedido, e por tanto tempo, que ganhou troféus que a maioria das pessoas nem lembra mais que existiam. Alguns deles literalmente não existem mais. Alguém se lembra da Copa Intercontinental que o Manchester United venceu em 1999? Nem eu. O torneio não existe mais.

Independentemente disso, o ponto é que ele obteve realmente muito sucesso como técnico, em um nível incomum. Em 2021, Ferguson publicou um livro de conselhos de gestão intitulado *Liderança*. A promessa implícita de *Liderança* é de que, se você puder aprender com os conhecimentos de Ferguson, talvez também possa se tornar o melhor gestor de todos os tempos.

Até parece.

Isso não vai acontecer.

Na realidade, há um desperdício muito grande de espaço no mercado editorial com livros que buscam inspirar as pessoas a se tornarem grandes estrelas da liderança empresarial. Esses livros tendem a se concentrar em pessoas como Steve Jobs, fundador da Apple; Jack Welch, executivo-chefe da General Electric; Peter Thiel, investidor do Facebook e da Palantir; Warren Buffett, grande investidor do mercado de ações; e outros.

Essas pessoas indubitavelmente tiveram carreiras incríveis, mas também são anomalias estatísticas. São grandes exceções. Encontram-se no extremo da distribuição normal. Seu desempenho não é comum. Seria ótimo se fosse possível para qualquer pessoa, simplesmente lendo seu livro, tornar-se tão boa em gestão como Alex Ferguson, mas é extremamente improvável. A vasta maioria das pessoas em posição de gestão, seja no futebol, seja nos negócios, não chegará nem perto desse sucesso. Portanto, sejamos realistas.

VOCÊ NÃO SERÁ O MAIOR GESTOR DE TODOS OS TEMPOS

Não se preocupe, porque ser o maior de todos os tempos não é realmente necessário.

Para se tornar um gestor cujo desempenho exceda as expectativas, alguém que obtenha êxito porque sua equipe trabalha melhor que as outras, você precisa se concentrar em algo muito mais fácil: o incrível poder de ser um pouco melhor que a média.

"Um pouco melhor que a média!" não parece ser o grito de guerra mais inspirador, devo admitir.

Mas acompanhe meu raciocínio.

No capítulo anterior, falamos da importância de acompanhar o desempenho da equipe, descobrir qual é o seu desempenho médio e, em seguida, transferir as pessoas de tarefas com resultados inferiores para as que superam o esperado. Essa tática por si só leva a um incremento no desempenho de uma equipe inteira sem a necessidade de ninguém melhorar individualmente ou de trabalho adicional. Ser capaz de calcular uma média e trabalhar com ela é uma competência de gerenciamento fundamental.

Agora, quero apresentar um segundo conceito matemático igualmente importante: composição.

COMO OBTER SUCESSO NO CRESCIMENTO COMPOSTO

Composição é um termo matemático que geralmente descreve como seu dinheiro aumenta quando os bancos pagam juros sobre ele. Se você deposita 100 dólares em uma conta-poupança que rende anualmente 5% em juros simples, terá 105 dólares ao final de um ano:

US$ 100 + 5% = US$ 105

Após mais um ano, você terá US$ 110,25, porque os 5% de juros adicionais do segundo ano foram combinados com os juros que você recebeu no primeiro ano:

US$ 100 + 5% = US$ 105

e então:

US$ 105 + 5% = US$ 110,25

Notadamente, ao final do segundo ano, o seu dinheiro investido rendeu 10% em comparação com o início, embora sua taxa de juros seja metade disso: apenas 5%.

A composição *dobrou* seus ganhos, ainda que a taxa tenha permanecido a *mesma*. Ganhos contínuos, compostos com os outros, farão seu desempenho crescer para sempre.

O VALOR DE SÓ UM POUCO MAIS

Vamos voltar à nossa concessionária de automóveis fictícia com três vendedores. No terceiro mês, transferimos todos eles para a venda de carros amarelos e cada um vendeu dez carros por mês, chegando a um total de trinta carros. Aqui está o esquema novamente:

VENDAS DA CONCESSIONÁRIA DE CARROS, TERCEIRO MÊS: DEPOIS DE TRANSFERIR TODOS OS FUNCIONÁRIOS PARA O CARRO DE MELHOR VENDA

Conseguimos esse resultado sem qualquer melhoria no desempenho individual. (Lembre-se de que todos eram igualmente bons em vendas.)

Agora, digamos que você peça à equipe que, coletivamente, venda apenas um carro a mais no mês seguinte. Isso parece razoável. Não é um grande salto ir de 30 para 31 carros.

Adicionalmente, digamos que você peça a eles que vendam um carro a mais que no mês anterior *todos os meses*.

Após apenas um ano, 428 carros terão sido vendidos no total. Se não se tivesse alterado nada, o total teria sido de apenas 234. Ocorreu um aumento de 83% nas vendas simplesmente porque:

- Você utilizou a análise de tubarões e zebras, transferindo todos os vendedores para o produto de mais sucesso.
- Em seguida, pediu a eles que compusessem os ganhos, tendo eles se tornado um pouco mais bem-sucedidos a cada mês.

Lembre-se: iniciamos esse exemplo hipotético com uma equipe que vendia apenas 18 carros por mês e com dois terços do time desperdiçando tempo com os impopulares carros vermelhos e verdes.

A matemática não é difícil, mas quero gravá-la em sua mente, então aqui estão mais dois conjuntos de resultados comparados:

VENDAS MENSAIS DA CONCESSIONÁRIA DE CARROS DEPOIS DE TODOS OS FUNCIONÁRIOS SEREM TRANSFERIDOS PARA O CARRO DE MELHOR VENDA E COM MELHORIA INCREMENTAL

= 10 carros

1º mês: 18 carros ... nenhuma alteração

2º mês: 25 carros ... após transferência de Harriet para os carros amarelos

3º mês: 30 carros ... após transferência de todos os funcionários para os carros amarelos

4º mês: 31 carros ... após pedir a todos os funcionários que vendessem um carro a mais do que venderam no mês anterior

5º mês: 32 carros ... após pedir a todos os funcionários que vendessem um carro a mais do que venderam no mês anterior

6º mês: 33 carros ... após pedir a todos os funcionários que vendessem um carro a mais do que venderam no mês anterior

7º mês: 34 carros ... após pedir a todos os funcionários que vendessem um carro a mais do que venderam no mês anterior

8º mês: 35 carros ... após pedir a todos os funcionários que vendessem um carro a mais do que venderam no mês anterior

9º mês: 36 carros ... após pedir a todos os funcionários que vendessem um carro a mais do que venderam no mês anterior

10º mês: 37 carros ... após pedir a todos os funcionários que vendessem um carro a mais do que venderam no mês anterior

11º mês: 38 carros ... após pedir a todos os funcionários que vendessem um carro a mais do que venderam no mês anterior

12º mês: 39 carros ... após pedir a todos os funcionários que vendessem um carro a mais do que venderam no mês anterior

13º mês: 40 carros ... após pedir a todos os funcionários que vendessem um carro a mais do que venderam no mês anterior

Total: 428 carros vendidos

Embora a equipe agora venda mensalmente dez carros amarelos a mais do que há um ano (quarenta carros; anteriormente eram trinta), se dividirmos o resultado entre os três funcionários, veremos que cada vendedor só precisou vender três ou quatro carros a mais por mês para alcançar o resultado desejado. Novamente, não é um desafio gigantesco.

Aqui está o que teria acontecido se não tivesse sido feito nada:

VENDAS MENSAIS DA CONCESSIONÁRIA DE CARROS SE NÃO TIVESSE SIDO FEITA NENHUMA ALTERAÇÃO NA EQUIPE E SEM MELHORIA INCREMENTAL

= 10 carros

1º mês: 18 carros

2º mês: 18 carros

3º mês: 18 carros

4º mês: 18 carros

5º mês: 18 carros

6º mês: 18 carros

7º mês: 18 carros

8º mês: 18 carros

9º mês: 18 carros

10º mês: 18 carros

11º mês: 18 carros

12º mês: 18 carros

13º mês: 18 carros

Total: 234 carros vendidos

Mesmo que você tivesse utilizado *apenas* o processo de tubarões e zebras, e nada além disso — ou seja, sem pedir aos vendedores que aumentassem as vendas —, a equipe teria continuado a vender 30 carros por mês, totalizando 373 carros ao longo de 13 meses. Só isso já teria representado um aumento de 59% nas vendas em comparação com o ponto de partida, *sem que se exigisse qualquer trabalho, habilidade ou funcionário extra.*

Total de vendas sob as três condições:

- Não se fez nada: 234 carros vendidos.
- Com uso de tubarões e zebras: 373 carros vendidos.
- Com uso de tubarões e zebras, além de pedido de melhoria incremental: 428 carros vendidos.

O SUCESSO É UMA GUERRA DE ACREÇÃO

De repente, uma pequena melhoria no desempenho médio se tornou uma conquista olímpica. É claro, fazer um pouco a mais requer trabalho; ninguém está negando isso. Mas não é como se você estivesse repentinamente pedindo às pessoas que dessem saltos sobre-humanos. Toda vez que você deixa de fazer uma tarefa com resultados inferiores e passa a fazer outra que supera o desempenho esperado, está, de forma incremental, aumentando seu desempenho médio e, espera-se, compondo naquele mês também.

É nisto que você deve mirar no longo prazo: descobrir os tubarões e as zebras, transferir seus recursos para as tarefas mais produtivas, buscar melhorias incrementais e compor seus ganhos.

É assim que se consegue crescer, não gritando com as pessoas ou punindo as que têm desempenho inferior; simplesmente ficando um pouco melhor a cada mês.

Ao ser um pouco melhor que a média de forma consistente, você terá um desempenho excepcional no longo prazo, porque melhorias constantes, contínuas e incrementais vão se acumulando até que se chegue ao objetivo desejado.

Isso é importante. Descobrir as melhorias constantes, contínuas e incrementais é a arma mais potente que você tem como gestor. No mundo real, os resultados não chegam facilmente como nesse exemplo matemático, e você enfrentará obstáculos. Um vendedor não pode vender um carro extra todo mês *para sempre*. Você terá de analisar os resultados conforme os obtenha. Parte dessa análise pode incluir a decisão de contratar novos vendedores para impulsionar a equipe.

O ALEX FERGUSON DO MANCHESTER UNITED SABE DISSO MELHOR QUE NINGUÉM, É CLARO

Quando Ferguson foi contratado, em 1986, herdou jogadores que bebiam demais e não estavam na forma física desejável para atuar em jogos de alto nível. O Manchester United terminou na 11ª, 11ª novamente e 13ª posição nos quatro primeiros anos sob seu comando, um conjunto de resultados deplorável. Inicialmente, o time teve um desempenho tão pífio que houve pedidos para que Ferguson fosse demitido. Na temporada de 1989-1990, uma faixa apareceu no estádio Old Trafford com os dizeres: "Três anos de desculpas e ainda um lixo... *ta-ra* [tchau] Fergie".

Ferguson precisou de seis anos de melhorias graduais, venda de alguns jogadores e compra de outros para que o United vencesse o primeiro campeonato da liga sob seu comando. Aparentemente, compor ganhos menores ao longo do tempo e melhorar lentamente o desempenho médio do time realmente o faz chegar ao objetivo desejado.

DICAS RÁPIDAS

- Você não precisa ser uma superestrela: apenas deve ser um pouco melhor que a média. O sucesso é uma guerra de acreção.
- Melhoria constante: descobrir como obter melhorias constantes, contínuas e incrementais, em que os ganhos são repetidamente compostos, é a arma mais poderosa que você tem como gestor.
- Ganhe um pouco mais a cada mês: estabeleça metas realistas e alcançáveis para aumentar os resultados da sua equipe a cada mês.
- Cresça no longo prazo: crescimento e crescimento. Com o tempo, você chegará ao objetivo desejado.
- Acumule seus ganhos para maximizar os resultados: pequenos esforços adicionais repetidos produzem maiores ganhos ao longo do tempo.

8

COMO NOVAS IDEIAS MELHORAM O DESEMPENHO: O PRÊMIO NOBEL DE ECONOMIA DE 2018

A essa altura, você deve estar sensatamente se perguntando: "Essa concessionária de veículos hipotética é um bom exemplo, mas como eu sei que isso vai funcionar para mim na vida real?".

Há dois motivos para você esperar que isso aconteça:

1. **As pessoas tendem a se tornar melhores no trabalho com o tempo.** A experiência e as habilidades de seu pessoal serão desenvolvidas e aprimoradas à medida que os meses passam, e isso se refletirá em melhores resultados.
2. **O crescimento econômico é impulsionado por novas ideias.** Não há falta de novas ideias. Elas não se esgotam. Elas não são parte de uma situação ganha-perde. Elas são livres e há uma fonte inesgotável delas.

O primeiro motivo é um truísmo, então não gastarei muito tempo com ele. Apenas lembre-se do seu primeiro dia em um novo emprego. Havia tanto a aprender e tudo parecia tão difícil; tudo tomava tempo demais. Ao final do seu primeiro dia, você praticamente teve um esgotamento mental e físico por tentar recordar-se de tanta coisa nova.

Depois de alguns meses, entretanto, as tarefas básicas de seu novo trabalho se tornaram tão familiares que você passou a realizá-las sem pensar. Você ficou mais veloz. Cometeu alguns erros. A qualidade de seu trabalho foi elevada. Seu desempenho melhorou. Isso vale para qualquer ocupação, de pesquisas farmacêuticas ao atendimento de mesas em um restaurante.

Para gestores, é uma enorme vantagem inerente. Desde que seus funcionários queiram trabalhar e se dediquem de forma diligente, ficarão melhores no que fazem ao longo do tempo.

NOVAS IDEIAS GERAM CRESCIMENTO

O segundo motivo, de que novas ideias geram crescimento econômico, não é bem compreendido, tanto que só foi descrito pela primeira vez com alguma convicção em 1990. Foi nesse ano que o economista Paul Romer, da Universidade de Chicago e, posteriormente, da Universidade de Nova York, publicou um artigo acadêmico denso e técnico em que apresentava uma forma de valorizar ideias e medir como elas contribuem para o crescimento econômico.

Antes de Romer, a maioria das pessoas entendia a economia como uma questão de escassez, em especial escassez de bens ou serviços. Se eu compro um ingresso para um show, isso significa que há agora menos ingressos para que as outras pessoas possam comprar. A quantidade restante pode ser tão pequena que talvez leve a distorções no mercado de ingressos para shows: as pessoas podem ficar mais dispostas a vender seus ingressos por um preço maior para lucrar. Haverá cambistas na porta do local para tentar vender os ingressos restantes a preços mais altos antes do início do evento.

No show, mais dinheiro será gerado pela venda de bebidas no bar. Essa venda se restringe às pessoas que têm dinheiro para comprar bebidas e que estão dispostas a perder partes do show para ficar na fila do bar. O fornecimento de bebidas está relacionado à escassez do seu dinheiro, à velocidade limitada com que os atendentes servem a multidão e à hora em que o local deve parar de servir bebidas alcoólicas no final da noite.

Ao término do bis da sua banda de rock favorita, a simples decisão que ela tomou de vender ingressos para um show terá gerado uma minieconomia: a banda cria algo de valor (ingressos para o show) cujo fornecimento é limitado (escassez), então outros clientes e cambistas negociam o valor desses bens por meio de um novo comércio secundário (a bolsa de valores funciona de forma parecida). Ao mesmo tempo, outros fornecedores fazem a venda de bebidas (bens e serviços complementares), que não existiria se a banda não tivesse feito o show.

As casas de show não podem organizar um número infinito desses eventos. Além disso, há um número limitado de bandas que as pessoas estão dispostas a pagar para ver. Esses limites criam a escassez a que estou me referindo, a qual impõe um valor aos ingressos disponíveis. No final, a quantidade total de atividades econômicas geradas é muito maior que o valor inicial dos ingressos vendidos.

Na economia, os bens são limitados, ou escassos, no que diz respeito à maioria das pessoas, e a escassez cria valor e crescimento.

Romer descreveu os bens e serviços escassos usando a palavra *rivalizante*, porque um ingresso de show adquirido por mim é um ingresso que você não pode ter.

AS IDEIAS E AS NOVAS TECNOLOGIAS SÃO INFINITAMENTE ABUNDANTES

Romer acreditava, no entanto, que nada disso descrevia o efeito das ideias, tanto no nível de uma empresa como no de um país inteiro.

E isso porque as ideias não são escassas. Qualquer pessoa pode ter uma nova ideia. Se eu tenho uma ideia, não significa que você não possa tê-la também. Todos podemos ter quantas ideias quisermos. Usando a terminologia de Romer, elas são, portanto, *não rivalizantes*.

As ideias surgem na forma concreta de novas tecnologias. Você pode comprar um pacote de software que facilita a análise dos resultados de vendas da sua empresa. Digamos que esse novo software contenha um programa sofisticado de inteligência artificial capaz de sugerir novas estratégias de vendas que você nunca imaginara. Isso pode lhe dar uma vantagem tangível sobre as empresas concorrentes.

Mas a ideia do software (e ele próprio) não é escassa; seus rivais podem comprar o mesmo software e obter as mesmas vantagens. Os programas de computador não são como ingressos para shows. Possuí-los não impede que outras pessoas os possuam também.

E isso não acontece apenas com software. Podemos ver novas ideias não rivalizantes surgindo em todos os lugares. Sim, os ingressos para o show da sua banda favorita ainda podem ser escassos, mas isso não impede ninguém de formar uma nova banda e tentar fazer música melhor. Uma empresa farmacêutica ter criado uma vacina não impede que outras empresas usem os mesmos princípios de inoculação para criar versões melhores daquela vacina ou vacinas diferentes para outras doenças. A habilidade da Tesla de produzir um carro elétrico com autonomia de 320 quilômetros antes de precisar ser carregado novamente não impede outra empresa de fabricar um carro melhor que possa ir ainda mais longe. Novas ideias surgem em todos os lugares, com mais frequência na forma de novas tecnologias.

Uma ideia não se torna mais escassa só porque uma pessoa a teve. Elas não se esgotam com o tempo, como um reservatório de água ou um poço de petróleo. Todo mundo pode utilizá-la. De uma vez. Em qualquer lugar.

Isso cria um vasto crescimento e grande valor econômico, argumentou Romer. A noção de que boas ideias fomentam crescimento econômico parece incrivelmente óbvia, agora que você ouviu falar dela, mas mensurar seu valor com precisão e comprová-lo matematicamente não é simples. Essa foi a contribuição de Romer. Ele o fez por meio de uma série de modelos algébricos de alta dificuldade, que você pode me agradecer por não reproduzir aqui.

Mais 18 meses se passaram para que o resto do mundo concluísse que Romer estava correto. Em 2018, ele foi agraciado com o Prêmio Nobel de Economia.

QUAL É A RELEVÂNCIA DISSO PARA VOCÊ?

O valor econômico das novas ideias, combinado à crescente expertise de sua equipe, significa que você, como gestor, tem o vento a seu favor. O ambiente à sua volta melhora a cada dia. Nesse mês, sua equipe está um pouco mais eficiente no trabalho em comparação com o mês anterior, porque agora tem um mês a mais de experiência. Os membros do time são capazes de realizar o trabalho com mais rapidez e menos erros que antes.

Mais experiência traz mais sofisticação e, portanto, mais poder e valor.

Seus colegas em outras equipes, como RH, jurídico, suporte técnico e marketing, também estão ficando melhores com o passar do tempo. Sua assistência torna-se mais rápida e eficaz a cada dia.

A tecnologia ao redor também está melhorando o tempo todo. O telefone em suas mãos é mais sofisticado que aquele que você tinha há um ano ou dois. O carro que você dirige hoje é mais econômico que aquele que você tinha há cinco anos. O computador que você usa atualmente é mais rápido e confiável que aquele de dois anos atrás.

As ideias geradas por você e por sua equipe sobre como melhorar o trabalho estão ficando melhores e mais avançadas a cada dia que passa. E mais importante: uma análise de tubarões e zebras sempre trará novas ideias para melhorar o trabalho de todos (e ajudá-lo a eliminar as tarefas que não têm trazido resultados).

Obter de sua equipe um desempenho constantemente um pouco acima da média é uma meta realista e alcançável, e você pode compor esses ganhos com o passar do tempo porque a experiência contínua de sua equipe e as novas ideias geram melhorias incrementais por todos os lados, o tempo todo.

Você e sua equipe estão flutuando em um oceano de melhoria constante e seus barcos avançam por causa disso.

DICAS RÁPIDAS

- ◈ As pessoas tendem a melhorar no trabalho ao longo do tempo.
- ◈ Isso o ajudará a acumular ganhos em desempenho.
- ◈ Novas ideias são livres e criam um valor duradouro e tangível.
- ◈ O método de tubarões e zebras o ajudará a criar uma estratégia em torno das melhores ideias.
- ◈ A crescente onda de experiência aprimorada e novas ideias trabalha a seu favor.

9

O PROBLEMA DO CLUBE DE STRIPTEASE E POR QUE BONS DADOS SÃO A SOLUÇÃO

Historicamente, a indústria automotiva era um setor masculino. Homens trabalhavam nas fábricas de automóveis e eram gerenciados por outros homens na sede corporativa. Havia também um mundo paralelo de fornecedores de peças, quase todo composto de homens, e outro grupo de homens trabalhava nas concessionárias que vendiam os carros.

A indústria automotiva era tão chauvinista que, nas décadas de 1980 e 1990, vários acordos eram fechados e reuniões importantes eram realizadas em bares de striptease de Detroit. Em 1997, havia 75 (!) clubes desse tipo a uma curta distância das três maiores fabricantes automotivas de Detroit. Para colocar isso em perspectiva, havia mais que o dobro de clubes de striptease nos arredores da Ford, da Chrysler e da General Motors na época do que atualmente há em Las Vegas.

As empresas de automóveis haviam criado sua própria zona de prostituição. Uma conta anual de despesas de um único executivo do setor que regularmente entretinha clientes nos clubes podia chegar a 40 mil dólares, conforme reportado pelo jornal *The New York Times*. Os executivos até mesmo almoçavam nos clubes de striptease, gastando centenas de dólares cada um. Um desses locais, o Jon-Jon's, ficava a 1,6 quilômetro de uma planta da GM em Warren, no Michigan, onde trabalhavam 20 mil funcionários. Havia tantos executivos do setor automotivo entre sua clientela que o Jon-Jon's instalou um painel de notícias digital no bar para manter os clientes atualizados durante o dia.

A situação dos clubes de striptease em Detroit foi tão normalizada que distorcia as decisões de contratação nas empresas automotivas. Um executivo declarou ao *The New York Times* que sua equipe de vendas levava clientes potenciais a esse tipo de clube duas vezes por semana, por isso ele não podia contratar mulheres. "Se determinada parte da minha base de clientes, que é predominantemente masculina, gosta de vir aqui, seria uma decisão de negócios inteligente da minha parte atribuir essa conta a uma vendedora mulher?", pontuou.

A situação chegou a tal ponto que as funcionárias mulheres passaram a processar as empresas automotivas. Uma delas alegou que o orçamento para despesas de seus colegas homens era sete vezes maior que o dela porque eles gastavam muito em locais de entretenimento adulto, enquanto ela levava seus clientes para visitar uma pista de patinação no gelo.

Isso era claramente insano.

Decisões vitais na indústria de manufatura mais importante dos Estados Unidos eram tomadas em meio a *lap dances*. Uma classe inteira de trabalhadores — as mulheres — era excluída porque não se sentia confortável, ou não era convidada, em fazer negócios em estabelecimentos voltados para o sexo.

Detroit é um exemplo extremo. Mas, antes da internet, boa parte da gestão corporativa era feita dessa maneira: tratava-se de "relacionamentos" que muitas vezes envolviam socializar e fazer conexões, normalmente não em clubes de striptease, claro, mas em restaurantes, bares e campos de golfe.

Certa vez, trabalhei em uma revista cujo editor, toda terça-feira à noite, deixava seu cartão American Express à disposição no bar da churrascaria de Ben Benson, em Manhattan. A equipe editorial bebia martinis até altas horas. Como isso nos ajudava a publicar uma revista, ninguém sabe, mas todo mundo ia. Quer dizer, todo mundo que queria ser promovido.

De forma mais habitual, é comum, mesmo hoje em dia, que seu chefe simplesmente forme uma opinião a seu respeito com base nas interações pessoais com você ou em vagas memórias fortuitas e avalie seu desempenho com base nisso. Você pode avançar na carreira se seu chefe gostar de você, se tiver um bom papo, se a sua mesa estiver perto da mesa do chefe no escritório em vez de no outro lado, se seu chefe se identificar com você. É assim que as velhas redes de relacionamento se tornam cruciais para o progresso da carreira.

O aspecto obviamente burro de tudo isso é que o trabalho não é uma competição de popularidade, mas uma questão de dar conta das suas tarefas. Sua carreira não deveria depender de uma série de atributos sociais totalmente aleatórios e sem relação com o trabalho em si. Isso também significa que muitos chefes tomam decisões ruins porque suas impressões a respeito das pessoas que trabalham com eles vêm de sua afinidade com elas, e não de dados reais sobre a qualidade do trabalho realizado.

Nem preciso comentar que, historicamente, isso tem jogado contra qualquer pessoa com menos tempo em sua vida para dedicar a martinis, jogos de golfe ou strippers.

Como gestor, você tem a chance de fazer muito melhor. E, para tanto, deve usar os dados.

OS DADOS SÃO O CAMINHO

Você quer tratar as pessoas de forma justa e objetiva. Também quer incentivar as que têm melhor desempenho no trabalho, independentemente de suas habilidades sociais. A maneira de fazer isso é pedir a elas que cumpram metas muito claras e mensuráveis, e, então, coletar dados objetivos de desempenho.

A chave está em *mensurável*.

Os dados devem ser tangíveis, verificáveis e mensuráveis. Em muitas empresas de mídia digital, por exemplo, a gestão observa o tráfego dos *sites*, os aplicativos baixados, as assinaturas vendidas e a venda de produtos de mídia aos anunciantes. Sua empresa deve ter métricas equivalentes. Elas podem incluir vendas, clientes visitados, produtos fabricados ou projetos concluídos.

Leve isso a sério. No início de cada mês, peça às suas equipes que coletem e lhe apresentem dados sobre o seu desempenho em relação às metas estabelecidas.

A mesma coisa deve ser feita junto ao nível superior: seus chefes. Pode parecer picuinha, mas é, na verdade, libertador. Você livra seus funcionários da tirania de ter seu salário decidido por um chefe que talvez não goste deles ou por alguém que simplesmente venha de um círculo social diferente.

O melhor tipo de dado é o visual. Evite mostrar a alguém uma planilha com um monte de números brutos em colunas e linhas. Transforme os dados em informação visual, na forma de gráficos. É o modo mais fácil de observar padrões, crescimento e pontos fracos. Os dados falam por si mesmos.

Eu uso o Google Sheets porque é gratuito e os arquivos podem ser facilmente exportados para outros programas de software. O Microsoft Excel também é popular. Se você nunca usou planilhas para produzir gráficos antes, recomendo fortemente que aprenda como fazer. Convença um amigo a ensiná-lo ou assista a algum dos vários tutoriais em vídeo no YouTube para dominar os fundamentos.

Produzir seus próprios dados de desempenho o tornará intimamente familiarizado com a maneira e o motivo de seus dados mudarem com o tempo. Não dependa de outras pessoas para acompanhar o desempenho da sua equipe por você.

Por fim, um instantâneo dos dados mês a mês geralmente é inútil. Pode parecer bom saber que seus números de maio foram melhores que os de abril, pois sugere que você está indo bem, mas trata-se apenas de um instantâneo. Se seus dados omitirem que seus números de maio *atuais* estão bem abaixo dos de maio do *ano anterior*, não será possível enxergar o problema real. Então, colete tendências de dados por um longo período, não apenas dados de um mês ou dois.

AVISO: OS DADOS TENTARÃO AFOGÁ-LO

Ok, então todas as pessoas que você supervisiona estão agora gerando bons dados e você está tomando decisões sofisticadas por causa disso. Oba.

Neste momento, você provavelmente encontrará o problema oposto: a profusão de dados. Para cada empresa que coleta poucos dados e é gerida apenas pela intuição dos seus chefes, há dez cujos funcionários se veem afundados em um oceano de informações. Uma amiga minha descobriu certa vez que havia recebido 54 planilhas e painéis diferentes para analisar os resultados da empresa. Claramente, sua equipe de análise de dados era excelente — e produtiva! Mas não havia como ela utilizar 54 métricas diferentes para tomar decisões significativas. Na verdade, ela analisou algumas delas e ignorou o resto.

Você pode usar dois métodos deste livro para descobrir quais fontes de dados devem receber sua atenção e quais devem ser ignoradas. Priorizar e excluir o ajudará a classificar seus dados com base na importância que têm para você. E o método de tubarões e zebras, de forma semelhante, vai ajudá-lo a ignorar as fontes de dados que produzem mais ruído que sinal.

DICAS RÁPIDAS

- Se uma parcela significativa das decisões do seu negócio é tomada em clubes de striptease, você muito provavelmente não está no caminho certo.
- Não promova uma “gestão por historinhas”. Não julgue seus funcionários com base em impressões, sentimentos ou relações pessoais.
- Evite tomar decisões lastreadas em fatores subjetivos, como “ter um bom papo”. O trabalho não é uma competição de popularidade, mas uma questão de dar conta das tarefas.
- Mesmo coisas triviais, como alguém sentar-se mais perto ou mais longe da sua mesa, podem fazê-lo tomar más decisões.
- Trate as pessoas de forma justa e objetiva, pedindo a elas que cumpram metas claras e mensuráveis, e coletando dados objetivos de desempenho.
- Os dados devem ser tangíveis, mensuráveis e verificáveis.
- Faça com que suas equipes coletem e apresentem seus dados de desempenho em relação às metas estabelecidas.
- O melhor tipo de dado é o visual. Dados apresentados no formato de gráficos tornam mais fácil a tarefa de observar tendências e pontos fracos.
- Procure padrões de longo prazo nos dados, não apenas melhorias mês a mês.

10

A CURA PARA A ACNE E A DIFERENÇA ENTRE BONS DADOS E UM BOM JULGAMENTO

O próximo problema no qual ficar de olho é o hábito de permitir que as planilhas decidam por você, em vez de usar os dados para fundamentar suas decisões. As coisas podem acabar muito mal se as pessoas em cargos de gestão terceirizarem sua tomada de decisão para os dados à sua frente.

Muitos anos atrás, a empresa farmacêutica Roche produziu um medicamento chamado Accutane, para o tratamento da acne. Não estou me referindo à acne normal da adolescência, mas, sim, àquela grave, intratável e desfigurante que pode persistir na vida adulta. Em outras palavras, falamos da acne clinicamente séria.

O Accutane, no entanto, tinha efeitos colaterais severos. A taxa de suicídios entre pessoas que faziam uso do medicamento equivalia ao dobro da taxa da população geral. Isso era especialmente grave porque a taxa de suicídios entre pessoas com acne severa já era alta.

O medicamento também podia causar síndrome do intestino irritável, o que, por sua vez, podia levar à doença de Crohn. Algumas pessoas que sofrem dessa síndrome acabam tendo de remover cirurgicamente partes de seu cólon. Esses pacientes desafortunados devem conviver com bolsas de colostomia. O medicamento foi aprovado para venda, muito embora a Roche soubesse de um estudo que mostrava que 21,6% dos pacientes do Accutane tiveram efeitos colaterais gastrointestinais durante o uso.

Na embalagem do medicamento, porém, a Roche incluiu um aviso dizendo que "menos de 1% dos pacientes" sofreu de problemas de intestino ao tomá-lo.

Com o passar dos anos, mais de 7 mil usuários de Accutane processaram a Roche por terem sofrido esses efeitos colaterais. Entre esses usuários estava James Marshall, um ator que estrelou o filme *Questão de honra* ao lado de Jack Nicholson e Tom Cruise. Houve também Charles Bishop, que tirou a própria vida ao bater um avião Cessna no 28º andar do edifício do Bank of America em Tampa, na Flórida, depois de tomar o medicamento.

A empresa começou a perder os processos nos tribunais e os juízes concederam aos pacientes e às suas famílias milhões em indenização por danos.

Em 2009, após 18 anos no mercado, a Roche parou de fabricar o Accutane.

Por que a farmacêutica não foi capaz de ver o problema?

A FALÁCIA DOS QUANTS

A resposta, de acordo com as evidências processuais nos casos envolvendo o Accutane: os funcionários da Roche tinham uma maneira particular de lidar com os dados apresentado nos relatórios quanto aos problemas de efeitos colaterais. Eles comparavam os casos relatados com o número total de unidades de Accutane que a empresa havia vendido. Esse processo subestimou enormemente o problema do Accutane porque a maioria das pessoas não relata efeitos colaterais desagradáveis às empresas farmacêuticas; elas simplesmente param de tomar o medicamento. A Roche também tinha um algoritmo interno que subestimava algumas reclamações, classificando-as como duvidosas.

Como resultado, quando a Roche comparou o número de problemas com o total de unidades no mercado, esses problemas não pareciam estatisticamente significativos, e, para ser justo, a Roche não fez nada ilegal. Em 2018, a maioria dos processos envolvendo o Accutane foi finalizada quando a Roche venceu as apelações, sob a justificava de que seguira à risca os regulamentos da Food and Drug Administration.

Uma pessoa normal, que não é analista de dados, poderia ter feito três perguntas baseadas no bom senso: se esse medicamento é tão seguro, por que as pessoas que o tomam se suicidam com mais frequência? Por que elas acabam desenvolvendo doenças terríveis do intestino que requerem cirurgia? E esses riscos são razoáveis para se tratar de uma condição que não põe a vida de ninguém em perigo, como a acne?

Na Roche, porém, em minha opinião, os dados tomavam as decisões: desde que os dados dissessem que os problemas não eram estatisticamente significativos, a Roche presumiria que não havia problema. É o que eu chamo de falácia dos quants. Quant é um apelido geralmente dado a analistas de dados quantitativos que confiam cegamente em suas planilhas. Os quants têm a tendência de ver o mundo como se estivesse encapsulado pelos dados que eles reuniram. Obviamente, o mundo nunca é totalmente captado por esses dados.

Esta é a falácia de quant: há uma diferença entre obter bons dados e *analisá-los com base em seu julgamento*. Este é o seu trabalho: julgar.

DICAS RÁPIDAS

- Não deixe os dados decidirem por você.
- Não se torne dependente dos dados produzidos por outras pessoas. Você não vai saber se elas estão cometendo erros ou mensurando as coisas erradas e, assim, infectando seus dados com seus erros. Gere e verifique seus próprios dados.
- Haver dados demais pode ser tão ruim quanto haver dados insuficientes. Concentre-se nas principais métricas para obter a maioria dos resultados e ignorar o restante.
- Cuidado com a falácia dos quants: há uma diferença entre obter bons dados e analisá-los com base em seu julgamento. Não terceirize para os dados o seu julgamento.
- Este é o seu trabalho: julgar.

PARTE III
Pessoas

11

ORGANOGRAMAS E COMO APRENDI QUE ESTAVA TOTALMENTE ERRADO EM ODIÁ-LOS

A maioria das empresas não vai lhe pedir que entre em uma caixa de vidro cheia de tarântulas, mas houve uma que pediu aos seus funcionários exatamente isso: a Zappos, varejista de calçados online.

Em sua reunião geral trimestral em 2013, várias caixas de vidro cheias de aranhas foram colocadas no palco do Smith Center for Performing Arts, em Las Vegas. Um apresentador disse aos funcionários que quem estivesse disposto a entrar nas caixas com tarântulas ganharia um cartão-presente corporativo de 250 dólares. Uma mulher fantasiada de leopardo, sabe-se lá por qual motivo, encarou o desafio. Ela ganhou o dinheiro e saiu ilesa, de acordo com o livro de Aimee Groth sobre a empresa, *The Kingdom of Happiness* [O reino da felicidade].

No ano seguinte, a Zappos fez algo ainda mais estranho, na opinião de muitos funcionários. O CEO anunciou que aboliria a estrutura de gestão tradicional da empresa e a substituiria por algo chamado "holacracia". O novo sistema prometia uma "horizontalidade" de autogovernança radical. Muitos gestores descobriram que seus cargos tinham sido basicamente extintos. Em vez de degraus de carreira, a estrutura não teria "cargos, gestão ou hierarquia", descreveu Groth. A intenção por trás da estrutura super-horizontal era dar aos funcionários liberdade e poder de desenvolver seu próprio potencial, em vez de esperar que a gestão os promovesse.

A holacracia afundou a empresa em uma confusão. Alguns funcionários tiveram de aguentar cinco horas extras de reuniões por semana só para descobrir como a holacracia funcionava. Isso prejudicou seriamente muitas pessoas, de acordo com o *The Wall Street Journal*.

O mais relevante é que havia uma forma de medir esse sofrimento: a Zappos mantinha uma política de oferecer três meses de pagamento de rescisão para qualquer funcionário que desejasse sair. Em um ano normal, entre 1% e 3% dos funcionários lançavam mão desse benefício, conforme reportado pelo WSJ. Em 2015, porém, a Zappos divulgou que 14% de seus funcionários (210 pessoas de um total de cerca de 1.500) aceitaram o pacote de saída.

Depois de mais alguns poucos anos, a Zappos começou a desistir discretamente da ideia da holacracia, contou Groth posteriormente.

Por anos, eu também tive um ódio visceral dos "organogramas", aqueles diagramas em forma de árvore genealógica que mostram quem é chefe de quem na empresa. Mas aí ouvi falar do caos na Zappos, e foi então que percebi que meu ódio por organogramas era infundado.

Claramente, não os ter cria o caos.

USE A REGRA DOS CINCO EM SEU ORGANOGRAMA

No início deste livro, sinalizei que supervisionar uma equipe de apenas três pessoas é uma tarefa mais simples. É fácil todos estarem na mesma página quando você só precisa falar com mais duas outras pessoas.

Assim que você passa a gerenciar mais que cinco pessoas (a regra dos cinco), porém, começam as complicações. Você corre o risco de cruzar o limite da disfunção.

Então, o ideal é estabelecer uma estrutura de gestão que divida as equipes em unidades de até cinco pessoas, atribuindo aos gestores até cinco subordinados diretos, se possível. Idealmente, a estrutura se parecerá com uma pirâmide, com trabalhadores reunidos em grupos de três a cinco pessoas sob o comando de um chefe, com estes chefes, por sua vez, respondendo aos chefes acima deles em grupos de até cinco pessoas e assim por diante.

DELEGAR: A CRISE EXISTENCIAL DA GESTÃO

A única forma de fazer isso funcionar para você, como pessoa no cargo de gestão, é abrir mão de parte da responsabilidade do dia a dia e delegá-la aos seus subordinados.

Isso parecerá incrivelmente difícil no começo.

O ato de delegar envolve uma contradição conceitual que muitos gestores nunca resolvem: a crise existencial da gestão. Você não executa o trabalho de fato. Se você administra uma fábrica ou um restaurante, não é o responsável por fabricar diretamente os produtos ou por preparar as refeições com as próprias mãos. Em vez disso, você pede a outras pessoas que façam o trabalho, embora continue responsável por ele e tenha de responder pela qualidade do que é feito. (Para complicar ainda mais, a supervisão do trabalho de verdade exige muito esforço!)

Você provavelmente recebeu a promoção porque fazia bem o seu trabalho, mas gerenciar outras pessoas é uma habilidade nova e diferente. Não é o seu antigo trabalho.

Você tem um novo trabalho. Está na gestão.

A boa notícia é que as pessoas, em geral, querem ter mais controle e responsabilidade por seu trabalho; ninguém gosta de microgerenciamento. Então, delegue o quanto puder.

DICAS RÁPIDAS

- Você definitivamente precisará de um organograma. As pessoas querem saber qual é sua posição.
- Lembre-se da regra dos cinco: é difícil supervisionar diretamente uma equipe com mais de cinco pessoas.
- Para pessoas em cargos de gestão mais seniores, que supervisionam os gestores abaixo delas, a regra dos cinco (subordinados diretos) também deve ser usada.
- Ter mais que seis subordinados diretos cria o risco de transformar um gestor perfeitamente eficaz em alguém reativo, cujo tempo é todo dedicado a responder a perguntas e necessidades de sua equipe.
- Delegue, e muito. Em grupos com mais de cinco pessoas, não há alternativa.
- Seus funcionários esperam que você seja bem-organizado. Se você não tem uma personalidade tipo A, ou seja, se não for altamente organizado e voltado aos objetivos, finja ser. Aja como um tipo A até que isso se torne um hábito.

12

O TESTE DE MYERS-BRIGGS E POR QUE VOCÊ NÃO DEVE USÁ-LO DE FORMA ALGUMA

Imagine que alguém do departamento de RH da sua empresa tenha aparecido em sua mesa um dia e pedido a você que respondesse a estas perguntas estranhas:

- "Você gosta de observar as pessoas discutirem?"
- "Seu humor pode mudar bem rápido?"
- "Você evita fazer telefonemas?"
- "Você sempre teve fascinação pelo que pode ocorrer após a morte?"

Seria como se essa pessoa suspeitasse de que você possa ser um psicopata.

Por qual outro motivo alguém gostaria de "observar as pessoas discutirem"? (Note que a pergunta não é se você gosta de discutir, mas se gosta de *observar outras pessoas* terem uma discussão. Esquisito.)

E por que seu departamento de RH poderia achar que você tem fascinação pela morte?

Todas essas perguntas fazem parte do teste de classificação tipológica de Myers-Briggs, um questionário usado por milhares de empregadores no mundo todo. No teste, você recebe algumas perguntas, como as listadas acima, e depois deve classificar suas respostas em uma escala. Em seguida, é incluído em uma das 16 categorias de personalidade. Essas categorias o avaliam com base em sua relativa propensão aos seguintes traços:

- Extroversão ou introversão
- Sensorial ou intuição
- Razão ou sentimento
- Julgamento ou percepção

As oito categorias são representadas por letras (E, I, S, N, T, F[1], J e P) e, no final, você é qualificado com uma combinação de quatro delas.

Na última vez que fiz o teste, fui classificado como um "INTJ", que significa introvertido, intuitivo, racional e julgador. Isso supostamente faz de mim "inovador, independente, estratégico, lógico, reservado, perspicaz e motivado por minhas próprias ideias originais para conseguir melhorias". Em alguns testes, esses tipos de personalidade recebem nomes que soam bem. Eu sou um gênio ou arquiteto, a depender de em qual site você pesquisar.

É tudo muito lisonjeiro.

Mas pouquíssimas pessoas que me conhecem me descreveriam como um gênio.

O teste de Myers-Briggs é tão comum que é possível que você já o tenha feito por conta própria. Se é o caso, é provável que você tenha recebido uma avaliação igualmente lisonjeira de sua personalidade, porque todas as 16 categorias no Myers-Briggs são otimistas, positivas e só têm coisas boas a dizer sobre nós. O teste só entrega um tipo de resultado, de 16 formas alegres.

Não há como fazer o teste de Myers-Briggs e descobrir, por exemplo, que você é um idiota infeliz, que odeia a si mesmo e compensa suas falhas com vinganças mesquinhas contra seus colegas. Isso é estranho, porque o Myers-Briggs seria genuinamente útil se ajudasse a afastar pessoas assim!

E, mesmo assim, em milhões de vezes por ano, os departamentos de RH corporativos fazem essas perguntas aos seus funcionários e categorizam suas personalidades com base nos resultados. "Mais de 10 mil empresas, 2.500 faculdades e universidades e 200 agências governamentais usam o teste", de acordo com uma investigação feita pelo *The Washington Post*. Em determinado momento, 89 das 100 maiores empresas da lista da revista *Fortune* utilizavam esse teste.

As empresas o usam para criar programas de treinamento no local de trabalho que, em teoria, são mais adequados ao tipo de personalidade em questão. Elas também acreditam que conhecer o tipo de personalidade de nossos colegas pode nos ajudar a nos comunicar melhor com eles.

Só há um problema.

O teste de Myers-Briggs é uma bobagem.

Ele foi inventado em 1943 pela escritora de livros de mistério Katharine Cook Briggs e sua filha Isabel Briggs Myers, uma bancária. Nenhuma delas

---

[1] N.T.: N de "iNtuição", T do inglês "thinking" (razão) e F do inglês "feeling" (sentimento).

passou por qualquer tipo de treinamento científico. Mas elas eram fãs do trabalho do psicanalista Carl Jung, que, em 1921, teorizou que as personalidades podiam ser divididas em tipos básicos. No entanto, essa era apenas uma ideia. Jung nunca a testou, comprovou ou forneceu qualquer evidência de sua aplicabilidade.

TÃO RUIM QUE CHOCA

Intrépidas, Myers e Briggs desenvolveram a ideia, transformando-a em um teste com uma série de perguntas bizarras com as quais os participantes devem concordar ou discordar. O teste foi adotado por várias agências governamentais e instituições educacionais, ganhando vida própria.

Desde então, dezenas de cientistas afirmaram que o Myers-Briggs é pseudociência. Não há pesquisas revisadas por pares, estudos duplo-cego e ensaios estatisticamente significativos que demonstrem que ele funciona. A *Scientific American* disse que o Myers-Briggs era "um dos piores testes de personalidade existentes por uma grande variedade de motivos. Ele é duvidoso porque o tipo de uma pessoa pode mudar a cada dia. Ele fornece informações falsas ('coisas enganosas', de acordo com um pesquisador). As perguntas são confusas e mal escritas".

Simine Vazire, uma pesquisadora da Universidade da Califórnia, em Davis, disse que o teste é "tão ruim que choca".

O próprio Jung renegou a ideia por trás do Myers-Briggs, embora seu trabalho tenha servido de inspiração para ele. "Cada pessoa é uma exceção à regra", disse Jung. "Atribuir rótulos às pessoas à primeira vista", argumentou, era "nada além de uma brincadeira infantil de salão".

Para um gestor, pode parecer tentador submeter sua equipe a algum tipo de teste psicológico. Afinal, intuitivamente, é útil saber que Johnny é "brincalhão e entusiasmado", enquanto Mary é "guiada por ações e lógica". Talvez essas informações pudessem ajudá-lo a se comunicar de forma mais eficaz com eles, se a comunicação for feita no estilo deles? No fim das contas, entretanto, Mary e Johnny têm o mesmo trabalho; aquele projeto precisa ser entregue na sexta-feira, aconteça o que acontecer. O cliente não quer saber se Johnny é um "ISFP" ou se Mary é "ENTJ".

É por isso que sua habilidade de comunicação é mais importante que a sua habilidade como psicanalista. É por isso que a gestão deve se basear, sobretudo, na comunicação, claramente e repetidas vezes.

Então, por favor, não faça o teste de Myers-Briggs com sua equipe.

DICAS RÁPIDAS

- Os departamentos de RH de milhares de empresas no mundo todo usam o teste de classificação tipológica de Myers-Briggs para personalizar seus treinamentos no local de trabalho e seus estilos de comunicação.
- O Myers-Briggs não o ajudará a se comunicar melhor com a sua equipe. Ignore-o.
- O teste foi inventado por uma escritora de mistério e uma bancária. Nenhuma delas passou por qualquer treinamento científico.
- Elas se inspiraram no famoso psicanalista Carl Jung, que renegou a ideia.
- Cientistas de verdade denunciaram o modelo e agora consideram o Myers--Briggs um dos piores testes de categorização de personalidade.
- Mesmo se o Myers-Briggs realmente oferecesse alguma percepção sobre a personalidade dos seus colegas, o fato é que o seu sucesso depende mais da sua habilidade de se comunicar com eles que da sua capacidade de examinar suas mentes.
- Não use o Myers-Briggs, se puder evitar!

13

CONTRATAÇÃO: POR QUE OS TIMES DE FUTEBOL NÃO RECRUTAM SEUS PRÓPRIOS TORCEDORES

Você provavelmente não sabe quem é Brad Katsuyama.

Katsuyama era um executivo do Royal Bank of Canada (RBC) que, alguns anos atrás, notou que, sempre que tentava fazer uma compra maior de ações para um cliente, o preço aumentava bem na hora que ele estava pronto para clicar em "comprar" no computador.

O sistema não parecia honesto. Os preços das ações exibidos pelo mercado eram falsos. Toda vez que Katsuyama tentava comprar pelo preço oferecido, o preço mudava no segundo em que ele fazia o pedido. No início, ele achou que fosse apenas uma coincidência, mas continuou a acontecer, e ele ficou assustado. Alguém parecia saber exatamente quando ele queria fazer a compra e atuava contra ele no momento certo. Era como se alguém estivesse olhando por cima do seu ombro e observando o computador em que ele estava negociando, de acordo com o relato habilidoso do mistério por Michael Lewis, no livro *Flash boys: revolta em Wall Street*.

Katsuyama decidiu descobrir o que estava acontecendo.

Ele fez perguntas.

E descobriu que o problema não acontecia só com ele; era sistêmico. Estava custando incontáveis milhões por ano ao RBC e a seus clientes. Os bancos de investimento negociam volumes extremamente altos de ações. Ainda que os preços se modifiquem em apenas poucos centavos, milhões são perdidos. E, mesmo assim, ninguém sabia quem estava por trás daquilo ou como era possível acessar as negociações dos bancos antes que fossem feitas.

Katsuyama não era a única pessoa perplexa.

No Goldman Sachs, um dos bancos de investimento de maior prestígio em Wall Street, os executivos também achavam suspeito que o não prestigiado Morgan Stanley estivesse se saindo melhor nas negociações de ações.

O Morgan Stanley negociava 300 milhões de ações por dia, ou 30% do volume da Bolsa de Valores de Nova York. Eles obtinham 500 milhões de dólares por ano com esse negócio. O Goldman, por sua vez, controlava apenas 8% do mercado.

Tanto Katsuyama no RBC como o Goldman Sachs utilizaram a mesma estratégia para tentar descobrir como o Morgan Stanley conseguia vencê-los no jogo deles: abriram vagas de emprego e convidaram dezenas de executivos de bancos rivais para se candidatar a elas. Katsuyama entrevistou mais de cem profissionais das empresas rivais. O Goldman se concentrou especificamente em funcionários do Morgan Stanley e falou com dezenas deles.

Os funcionários de bancos geralmente são obrigados a assinar contratos de confidencialidade como condição para a contratação, então não devem falar sobre seu trabalho com ninguém. Em uma conversa sobre um possível novo emprego, porém, eles rapidamente se esquecem disso; ficam ansiosos para descrever o valor do trabalho que realizam, como o fazem e por que é diferente do realizado por todos os outros candidatos.

Isso era uma boa notícia para Katsuyama e o Goldman Sachs, porque eles tinham muito interesse em descobrir por que outros bancos, especialmente o Morgan Stanley, pareciam estar na dianteira das negociações.

COMO UMA BOA CONTRATAÇÃO REVELOU UM ESCÂNDALO DE 14,4 MILHÕES DE DÓLARES EM WALL STREET

O trabalho de detetive compensou. Descobriu-se que os bancos rivais haviam encontrado uma forma de arbitrar as diferenças minúsculas de velocidade com que os pedidos eletrônicos de compra chegavam na bolsa de valores. Alguns bancos de investimento haviam implantado um software capaz de identificar a entrada dos pedidos de Katsuyama antes que o restante do mercado reagisse. Então, em uma fração de segundo, o sistema comprava aquelas ações e as vendia a Katsuyama por um preço mais alto. Os programas de negociação de alta frequência eram tão rápidos que podiam vencer qualquer um, comprando e vendendo as ações antes que os pedidos do Goldman Sachs e do RBC pudessem ser concluídos.

Eles distorciam os preços das ações nesse processo.

E estavam trapaceando, basicamente.

Katsuyama havia descoberto um escândalo enorme. Os bancos estavam desrespeitando a lei para enganar os operadores que não tinham acesso aos algoritmos de negociação de alta velocidade. Centenas de milhões de dólares em negociações de ações foram manipulados por alguns poucos bancos.

Em 2015, o UBS pagou uma multa de 14,4 milhões de dólares à Comissão de Valores Mobiliários dos Estados Unidos em um acordo relativo às alegações de que adiantava negociações secretamente para um grupo seleto de investidores, que eram clientes de seu programa "oculto" de negociações de alta frequência.

Essa história é famosa em Wall Street. O livro de Lewis vai virar um filme, inclusive. E o ponto principal é: *as pessoas contam qualquer coisa em uma entrevista de emprego.*

Como gestor, você deve usar isso a seu favor.

A GRANDE VANTAGEM DE CAÇAR TALENTOS ATIVAMENTE É EDUCAR A SI MESMO

As pessoas subestimam a utilidade de saber o que se passa em outros ambientes do setor em que atuam, especialmente em empresas rivais.

Falar com pessoas de outras empresas que você gostaria de contratar, mesmo que elas recusem seu convite, é uma boa maneira de melhorar seu conhecimento do mercado de contratação como um todo.

Uma tática que recomendo bastante é preparar uma lista de pessoas de empresas rivais que você adoraria contratar e convidá-las para um café.

As pessoas inteligentes ficam lisonjeadas e se mantêm sempre abertas a ofertas de fora, mesmo que não estejam buscando uma mudança. Assim que você atrair alguém para uma conversa sobre possíveis oportunidades, ficará surpreso com o que pode aprender.

Também é uma boa tática espalhar notícias positivas sobre você e sua empresa, para que cheguem aos concorrentes. Faça com que as pessoas que trabalham nas empresas rivais saibam que você está crescendo, contratando, obtendo sucesso e buscando novos talentos. Faça com que saibam que sua empresa é mais rápida, empolgante e interessante, além de ter menos idiotas que no escritório onde eles trabalham.

SEMPRE FAÇA DA CONTRATAÇÃO SUA PRIORIDADE Nº 1

Sua prioridade número 1 deve ser sempre contratar as melhores pessoas que puder e promover os talentos que deseja manter.

Se tiver de aprender apenas uma coisa com este livro, é isto: contratar a pessoa certa para a posição certa resolverá 80% dos seus problemas. Lembre-se: seu desafio como gestor é o fato de não estar mais fazendo o trabalho prático. (Ou, no mínimo, de estar fazendo menos dele.) Se você está supervisionando outras pessoas, certamente depende da qualidade e da velocidade do trabalho delas. Se algo dá errado, a culpa é sua; se algo dá certo, o crédito é seu. Então, você realmente precisa se preocupar com o nível das pessoas na sua equipe. Não importa o quão bom você seja em um cargo de gestão: se os seus subordinados forem incompetentes, você nunca conseguirá bons resultados.

Você deve, portanto, dedicar o máximo de tempo possível na contratação das melhores pessoas que conseguir.

Desde que você saiba disso, pode ignorar o restante deste livro, pois provavelmente se dará bem como gestor.

MÁ CONTRATAÇÃO: POR QUE OS TIMES DE FUTEBOL NÃO ANUNCIAM SUAS VAGAS DE EMPREGO

Em muitas empresas (em especial nas empresas ruins), a contratação é basicamente um processo passivo. A empresa divulga as vagas e um fluxo constante de candidatos esperançosos de consegui-las se apresenta. Em seguida, os gestores (em especial os ruins) analisam essas candidaturas e tentam escolher as melhores.

Essa é uma boa maneira de acabar com pessoas medíocres na sua equipe.

Pense da seguinte forma: por que um time de futebol profissional, como, digamos, o Liverpool FC, é melhor que o time de futebol da sua firma?

Há muitos motivos, obviamente, mas a principal diferença é a maneira como ambos abordam o recrutamento. O time do seu escritório só pode escolher os jogadores entre aqueles que se voluntariam para participar.

Em uma equipe de esportes profissional, ninguém escolhe entre as pessoas que se voluntariam. Mesmo se o Liverpool selecionasse seus jogadores entre todos os torcedores do clube (milhões de pessoas no mundo inteiro, incluindo, sem dúvida, alguns jogadores muito bons entre elas), não conseguiria um grupo de jogadores tão bons quanto os que estão no time atualmente.

Os times profissionais não escolhem de forma passiva entre quem se voluntaria. Em vez disso, passam a maior parte do tempo de recrutamento tentando "roubar" jogadores de times rivais ou analisando jogadores mais jovens e promissores em times de divisões inferiores.

Esse recrutamento é extremamente direcionado e específico. Os times têm um grande conhecimento dos rivais no mercado e buscam indivíduos com habilidades específicas. Eles fazem ligações telefônicas. Pedem para encontrá-los. Passam meses ou anos construindo um relacionamento com determinado jogador até que ele esteja pronto para mudar para um novo time.

A única coisa que eles *não* fazem é examinar pilhas de e-mails de torcedores que adorariam ter uma chance de atuar no estádio Anfield.

Não estou dizendo que as pessoas que se candidatam às suas vagas de emprego sejam ruins. Você certamente tem de divulgar as vagas abertas. Eu contratei muitas pessoas excelentes que se candidataram com base nos anúncios que publicamos. Mas se você está *apenas* fazendo sua seleção entre as pessoas que passam pela sua porta, passivamente, não conseguirá os funcionários de que precisa para conquistar bons resultados.

Você precisa fazer mais que isso.

CONTRATAÇÃO PARA DIVERSIDADE, EQUIDADE E INCLUSÃO

Há um mito entre gestores de que a contratação deve ser puramente meritocrática. De acordo com esse mito, se você simplesmente contratar "os melhores", quatro coisas acontecerão:

- Os resultados da sua contratação serão justos.
- Você conseguirá as melhores pessoas, independentemente da origem e da formação.
- Uma seleção baseada apenas nas melhores pessoas incluirá muitos candidatos negros, asiáticos, representantes de minorias diversas, de outras etnias, com deficiência e LGBTQIA+ porque você está selecionando com base no talento, não na origem e na formação.
- Portanto, sua contratação terá diversidade.

Eu costumava acreditar nisso, mas passei a duvidar quando vi os resultados na vida real. Nas primeiras vezes que examinei currículos para vagas na *Insider*, estava (obviamente) buscando as melhores pessoas. Então, procurava os candidatos que haviam se formado nas mais renomadas faculdades e universidades: instituições da Ivy League, além de Oxford e Cambridge no Reino Unido. Essas instituições são extremamente competitivas e de difícil acesso, portanto elas devem produzir os melhores, certo?

Com o tempo, percebi que, se quisesse, poderia preencher todas as vagas de emprego que tínhamos com candidatos dessas faculdades. Muitas empresas agem exatamente assim. O Goldman Sachs e outros bancos de investimento fazem um recrutamento pesado em instituições da Ivy League. Da mesma forma, no Reino Unido, *The Guardian*, a BBC e o *The Times* são famosos por priorizarem a contratação de profissionais formados em Oxford e Cambridge.

O sistema de admissão de estudantes de Oxford e Cambridge, no entanto, tem uma enorme falha: ele não seleciona as melhores pessoas.

É assim que funciona:

Oxford e Cambridge, e muitas instituições da Ivy League, preferem aceitar os melhores alunos das escolas de Ensino Médio em seus cursos de graduação. Infelizmente, sua definição de "melhores" tem feito com que, historicamente, essas universidades aceitem um número desproporcional de estudantes de um pequeno grupo de escolas privadas de elite.

A maioria dos adolescentes, obviamente, não frequenta escolas privadas; elas são caras. A maioria não é rica o suficiente para pagar por elas. No Reino Unido, 94% das pessoas são educadas no sistema de escolas públicas, e apenas 6% dos jovens frequentam escolas privadas.

Mesmo assim, em 2019, somente 49% das vagas de Oxford foram oferecidas a egressos de escolas públicas; a maioria foi para egressos de escolas privadas do Reino Unido ou para estudantes de outros países. E adivinhe de que tipo de escola esses estrangeiros chegam! Pois é: 95% dos alunos estrangeiros de Oxford frequentaram uma escola privada, de acordo com uma amostra dos números de admissão publicados pelo *Cherwell*, o jornal estudantil de Oxford.

O problema disso, é claro, é que há uma alta correlação entre ser rico e ser branco. Entre 2012 e 2016, algumas faculdades da Universidade de Cambridge não aceitaram nenhuma pessoa negra, de acordo com uma investigação feita pelo *Financial Times*. Zero. Ninguém.

Em 2016, Oxford tinha apenas 35 estudantes negros, em um corpo discente de 2.210, de acordo com uma pesquisa feita pela minha colega da *Insider*, Lindsay Dodgson. Em 2020, essa quantidade havia subido para 106. Ainda é um número extraordinariamente baixo, em especial se considerarmos que é razoável esperar que entre os estudantes estrangeiros haja menos brancos que entre os britânicos. (Para ser justo com Oxford e Cambridge, ambas tornaram seu processo seletivo mais justo nos últimos anos. Em 2020, 53,2% das admissões vieram de escolas públicas, porém ainda é muito abaixo de 93%, a porcentagem de alunos nesse tipo de escola.)

A situação é semelhante nas universidades da Ivy League. Elas têm um viés de seleção que favorece candidatos de escolas privadas e filhos de seus ex-alunos bem-sucedidos.

Certamente, qualquer empregador que use Oxbridge ou Ivy League como um sinal que representa os "melhores" candidatos acabará selecionando funcionários não com base no talento, mas na riqueza. Como resultado, você terá um escritório cheio de gente branca.

Não estou dizendo "nunca contrate de faculdades de elite", mas, sim, que os critérios *delas* não devem ser os *seus* critérios. Você precisa, portanto, ir um pouco além na sua busca para encontrar as pessoas perfeitas para o negócio que está administrando.

É por isso que deve recrutar pessoas usando uma variedade de métodos. Você certamente quer examinar as melhores pessoas que se candidataram por causa dos anúncios de vagas, mas também deve buscar ativamente as pessoas que deseja recrutar, como um técnico de time de futebol. Se confiar apenas nos seus anúncios, vai se deparar com todas as falhas causadas por um sistema que discrimina pessoas que não são brancas ou que não são ricas o suficiente para frequentar uma escola privada.

Você vai precisar trabalhar duro para conseguir as melhores pessoas, e isso envolve ir ativamente atrás delas, não simplesmente esperar que elas apareçam por conta própria.

COMO A MÁ CONTRATAÇÃO TORNOU AS CÂMERAS RACISTAS

Há outras vantagens envolvidas na contratação de um grupo de pessoas tão diversificado quanto possível, além de ser simplesmente a coisa certa a se fazer.

Você deseja ter uma ampla variedade de pessoas na sua equipe porque quer ampla variedade de perspectivas para fundamentar o trabalho que todos fazem. Você não sabe de tudo, mas pode ampliar o conhecimento à sua disposição se tiver vários tipos de pessoas em sua força de trabalho, em todos os níveis. Isso, por si só, provavelmente deixará sua equipe mais inteligente, o que é muito valioso. Também o ajudará a evitar erros que você pode nem saber que está cometendo.

Talvez o exemplo mais conhecido de um enorme fracasso corporativo decorrente da falta de diversidade seja o da Kodak. Antes do surgimento das câmeras de filmagem digitais, a Kodak produzia os filmes mais vendidos do planeta. A reprodução de cores a partir do filme é um processo que deve ser calibrado, de modo que os produtos químicos presentes no filme possam representar corretamente as cores e as tonalidades das imagens capturadas pela câmera. A partir da metade da década de 1950, a Kodak passou a usar um cartão de teste para efetuar essa calibragem. O cartão trazia a imagem de uma modelo, chamada Shirley. Ela era linda. Ostentava um penteado alto típico da época e era frequentemente retratada usando um vestido formal, que deixava os seus ombros à mostra, e longas luvas. O teste era simples: se a pele de Shirley tivesse boa aparência, então o filme da câmera estava corretamente calibrado; se Shirley parecesse estranha, então alguma coisa estava errada com o filme.

O problema era que Shirley era branca. Não havia cartões de teste com Shirleys negras, asiáticas ou de qualquer outra etnia. Então, o filme da câmera era calibrado para reproduzir perfeitamente a pele branca, mas não uma pele não branca. Os diferentes tons de pele refletem a luz em níveis distintos, por isso, calibrar de acordo com o tipo de pele mais claro distorcia o desempenho do filme para uma das extremidades da escala.

Se você alguma vez se perguntou por que as fotografias históricas de pessoas com pele mais escura nunca parecem tão boas quanto as de pessoas brancas, esta é a razão: o filme foi otimizado para apenas um tipo.

Os cartões da Shirley foram usados por décadas, e seu efeito ganhou má fama entre os profissionais que lutavam para fazer boas imagens de pessoas não brancas. Jean-Luc Godard, talvez o mais famoso diretor de cinema francês de todos os tempos, declarou em 1977 que o filme da Kodak era racista e se recusou a utilizá-lo em uma filmagem em Moçambique.

AS CÂMERAS DIGITAIS PODEM SER RACISTAS TAMBÉM

Inacreditavelmente (ou talvez não, dado o histórico), a indústria de câmeras repetiu o mesmo erro na calibração do software de reconhecimento fácil nas câmeras digitais embutidas nos nossos telefones e dos sistemas de segurança de circuito fechado.

As câmeras digitais usam software para reconhecer rostos, de modo que o foco automático recaia sobre a face das pessoas retratadas. O software de reconhecimento facial também é usado para fins de segurança e cumprimento da lei.

Para que o software funcione corretamente, no entanto, ele precisa ser calibrado, e para isso é necessário "treiná-lo". O treinamento consiste em passar milhares de fotos pelo algoritmo do software até que haja exemplos suficientes para ele identificar de forma correta o que está focando. Infelizmente, as fotos usadas nesse procedimento pela indústria de câmeras digitais possuem uma abundância de pessoas brancas e, de modo desproporcional, poucas pessoas negras. Um conjunto de fotos típico é 77% masculino e 83% branco, de acordo com os pesquisadores Timnit Gebru e Joy Buolamwini.

Gebru e Buolamwini revelaram que o algoritmo de uma câmera apresentava uma taxa de erro de apenas 0,8% ao identificar homens brancos, mas essa taxa subia para 34% quando se tratava de identificar mulheres de etnias minoritárias.

É por isso que as câmeras digitais às vezes não produzem boas fotos de pessoas não brancas. Pior ainda: é também por isso que as tecnologias de reconhecimento facial são eficientes para identificar pessoas brancas, mas não para identificar pessoas negras.

Obviamente, se você atua no setor de câmeras e se vangloria da qualidade dos seus produtos, essas falhas são vergonhosas. Falhas que talvez não tivessem ocorrido se as equipes e os gestores responsáveis pela criação desses produtos tivessem incluído mais pessoas não brancas entre eles.

Não que a indústria de câmeras e filmes seja povoada de racistas e produza deliberadamente artigos que não funcionam com pessoas não brancas. A questão é que não houve ninguém que pudesse ter dito décadas atrás: "Olha, talvez devêssemos fazer a calibração para todos, não só para a Shirley".

A diversidade em uma equipe é importante para que haja mais informações à disposição, a partir de mais perspectivas. Equipes diversas tendem a ser mais inovadoras. Essa conexão entre diversidade e inovação traz benefícios: equipes diversas geram, em média, 19% mais receita que as não diversas, de acordo com um estudo do Boston Consulting Group com 1.700 empresas em 8 países em 2017.

Então, se você quer formar equipes bem-sucedidas, deve contratar pensando na diversidade.

DICAS RÁPIDAS

- A contratação de boas pessoas é a atividade mais importante que você pode ter como gestor. Sempre faça dela sua atividade número 1.
- Diga às pessoas talentosas de outras companhias que você gostaria que elas trabalhassem com você.
- Use as entrevistas de emprego para aprender sobre empregadores rivais e promover sua reputação no mercado.
- Use as entrevistas de emprego para descobrir se o candidato conhece outras pessoas que também possam querer trabalhar com você.
- Use as entrevistas de emprego para informar ao setor em que você opera que sua empresa está contratando e as pessoas devem entrar em contato.
- Contrate pensando na diversidade. Você obterá melhores resultados e cometerá menos erros.

14

COMO CONTRATAR PESSOAS QUE SEJAM MELHORES QUE VOCÊ

Heather era a editora-chefe de uma revista mensal de Nova York que cobria o mundo da moda e do design. Era uma dessas publicações-tijolo, cujos leitores eram valorizados mais pela influência que pelo número. O trabalho de Heather era contratar estagiários e pessoal de nível iniciante.

Certa vez, ela recebeu uma candidata que havia nascido e sido criada no West Village de Manhattan, e que fizera questão de que Heather soubesse disso na entrevista de emprego. Ela achava que isso a tornava mais cosmopolita e sofisticada que os outros candidatos. Nova York era o centro do mundo, dizia ela, e a região moderna e boêmia de West Village era seu centro diverso e fervilhante. Se ela conseguia lidar com a vida naquela cidade enorme e traiçoeira, poderia lidar com qualquer coisa.

Heather achou aquilo curioso. Manhattan mantém-se ativa e vibrante 24 horas por dia, 7 dias por semana. Qualquer coisa que alguém possa desejar está à distância de uma caminhada a pé, mesmo no meio da madrugada. Certamente, viver em Manhattan é mais fácil que na maior parte dos outros lugares.

Então, Heather pediu à candidata que descrevesse uma ocasião em que tivesse enfrentado alguma adversidade na vida e como a superara.

Ela pensou por um momento. Em seguida, disse que, depois de concluir o Ensino Médio, aceitara uma oferta para estudar na Universidade de Massachusetts (UMass). No primeiro semestre, entretanto, uma forte tempestade de neve atingiu o estado. Os invernos na região da Nova Inglaterra podem ser brutais. A neve era tão espessa que houve um corte de energia na residência estudantil em que ela morava, e as ruas foram bloqueadas. Durante três dias, os estudantes ficaram presos por causa da neve, isolados do mundo lá fora.

De fato, parecia uma tempestade ruim, pensou Heather. Mas eram estudantes do primeiro ano presos na residência. Eles não deram um jeito de tornar aquela situação uma grande festa? Não aproveitaram para fazer uma guerra de bolas de neve? Algum tipo de aventura no exterior nevado?

Não!

Quando o tempo melhorou, a moça ligou para os pais, desistiu da UMass e se matriculou na Universidade de Nova York, a alguns passos do apartamento onde crescera.

Heather não contratou essa pessoa. Largar seus colegas por causa do tempo ruim não é uma boa atitude, e Heather não queria trabalhar com alguém cuja ideia de solução de problemas é desistir e ir para casa.

Eu gosto dessa história porque há nela uma verdade: às vezes, o trabalho é difícil; às vezes, ele não é divertido. Você só consegue aguentar esses momentos se estiver trabalhando com pessoas preparadas para enfrentar as adversidades.

Eis os princípios gerais com os quais trabalho quando estou buscando candidatos para uma vaga.

CRIE UM PACOTE-PADRÃO DE EXIGÊNCIAS PARA TODOS OS CANDIDATOS A UM EMPREGO OU UMA PROMOÇÃO

Você deve pedir três coisas dos candidatos a uma vaga de emprego:

- a conta do LinkedIn;
- cinco exemplos de seus melhores trabalhos;
- um teste com tempo limitado em que eles apresentem ideias sobre seu setor.

Isso lhe dará três informações comparáveis para analisar os candidatos. Ao fazer com que todos forneçam as mesmas coisas (e o lado bom do LinkedIn é que, lá, todos os currículos têm uma aparência idêntica), fica mais fácil ver quem se destaca na multidão.

Tratar todos os candidatos da mesma maneira também é bom por motivos jurídicos e éticos.

ELES SÃO MELHORES QUE EU?

É possível que você suponha que é um gestor porque é a melhor pessoa no trabalho e ninguém pode fazê-lo melhor. Trata-se de uma ideia ridícula.

Na verdade, o ideal é contratar pessoas que sejam melhores que você. Lembre-se: em um cargo de gestão, você fará cada vez menos do trabalho de verdade e cuidará cada vez mais da organização dele. Então, precisa de pessoas na sua equipe que sejam as melhores.

Uma maneira simples de incrementar a qualidade média de suas equipes é certificar-se de que, sempre que uma pessoa saia, seja substituída por outra melhor, não por alguém com o mesmo nível de competência. Cada nova contratação deve aumentar o talento médio da sua equipe. Você pode começar contratando apenas pessoas que sejam melhores no trabalho que você.

David Ogilvy, fundador da agência de publicidade Ogilvy & Mather, disse: "Se cada um de nós contratar pessoas que sejam 'menores' que nós, nós nos tornaremos uma empresa de anões. Porém, se cada um de nós contratar pessoas 'maiores' que nós, seremos uma empresa de gigantes".

COMO RECRUTAR DE FORMA DIVERSA

No capítulo anterior, vimos que anunciar passivamente as vagas disponíveis para então escolher os "melhores" entre os candidatos que responderem ao anúncio não atrai necessariamente as melhores pessoas — e pode, até mesmo, gerar resultados racistas. Então, você precisa de uma estratégia de recrutamento para contornar isso, porque é provável que boa parte do processo de contratação da sua empresa ocorra por meio de anúncios de emprego.

As boas empresas mantêm parcerias com organizações profissionais que representam os mais diferentes grupos de trabalhadores minoritários em sua área de atuação. Os gestores seniores dessas companhias mantêm contato telefônico constante com profissionais não brancos para se apresentar, incentivá-los a verificar as oportunidades de emprego disponíveis e recrutar diretamente candidatos desses grupos para as vagas disponíveis. Eles fazem isso adicionalmente ao anúncio passivo de vagas, o que demanda tempo (afinal, é mais fácil analisar os currículos que chegam), mas é uma forma de descobrir talentos que talvez tenham sido deixados para trás. E, se você acredita que contratar as pessoas certas representa 80% de tudo, então fontes adicionais de prospecção de novos talentos se tornam uma vantagem competitiva.

Há também alguns truques que você pode incluir em seu processo de contratação para eliminar o viés de faculdades de elite. Entrevistei executivos em centenas de empresas ao longo dos anos, e muitos deles têm buscado ampliar e diversificar seus processos de contratação ao recrutar novos talentos. Algumas das melhores ideias que ouvi deles incluem:

- **Ofereça um teste:** peça aos candidatos que façam um teste em vez de apenas examinar currículos. O título universitário de uma pessoa diz muito pouco sobre sua habilidade real de fazer o trabalho para o qual se candidatou, então por que não fazer um teste para determiná-la? Você pode pedir aos candidatos que apresentem cinco novas ideias que a empresa poderia adotar. É uma ótima maneira de verificar como as pessoas enxergam a empresa.
- **Listas de pré-seleção inclusivas:** ao assegurar-se de que a lista de pré-selecionados para as vagas disponíveis inclua pessoas não brancas, da comunidade LGBTQIA+ e/ou pessoas com deficiência, você força seus recrutadores e gestores a avaliar um grupo de talentos o mais amplo possível, e não simplesmente os candidatos que tenham melhores conexões com a empresa.
- **Use currículos anonimizados:** os nomes das pessoas muitas vezes sinalizam sua etnia. Isso pode causar pré-julgamentos em sua mente antes que você tenha a chance de avaliá-las de maneira objetiva. Assim, como uma forma de mudar seu processo de recrutamento, você pode pedir às pessoas que não incluam o nome na lista de candidatos, atribuindo um código a cada uma delas no lugar.
- **Remova os nomes de universidades:** alguns bancos de investimento passaram a remover dos questionários de emprego os nomes das faculdades e universidades que os candidatos frequentaram. Ainda é possível ver que uma pessoa é formada em Economia, por exemplo, mas não se por Harvard ou pela Rutgers, o que, pelo menos em teoria, reforça a necessidade de uma análise com base no mérito.

DEPOIS DISSO, FILTRE OS MELHORES CANDIDATOS

Estas são as qualidades que busco nas pessoas:

- **Intensas:** você deve buscar pessoas que possam fazer muito trabalho com muita velocidade, que se empolguem com a ideia de estar em uma empresa que se movimenta rapidamente. As pessoas intensas geralmente conseguem muito mais resultados que as outras.
- **Construtoras:** também busco pessoas que gostam da ideia de desenvolver uma nova equipe ou um novo produto de sucesso do zero, fazendo com que se torne maior e mais impressionante a cada mês. Algumas pessoas aparecem no trabalho e apenas fazem o que deve ser feito; já outras querem desenvolver algo novo e gostam da ideia de assumir essa responsabilidade. Procure as construtoras. Uma boa mistura de pessoas intensas e construtoras é algo valioso.
- **Pessoas que se esforçam para serem selecionadas:** o ideal é contratar pessoas que queiram trabalhar com você. Ao analisar tantos ótimos candidatos, você vai notar que alguns deles desejam especificamente trabalhar na sua empresa. O trabalho que você faz é o que *eles* querem fazer. Eles se candidatam a vagas diversas na sua empresa. Talvez até já tenham enviado um e-mail diretamente para você, com apresentações ou propostas adicionais. Às vezes, eles pedem um feedback sobre o motivo de terem sido rejeitados no processo seletivo porque querem saber como podem se sair melhor na próxima vez. Em geral, você deve favorecer esse tipo de traço positivo.
- **Elimine os candidatos que apenas querem um emprego:** o único tipo de candidato que você definitivamente não quer contratar é aquele que "só quer um emprego".

Não há nada errado em querer ou precisar trabalhar, é claro, mas pessoas que "só querem um emprego" veem o trabalho como aquela coisa que você faz das 9h às 18h para pagar o aluguel. Elas não o veem como a paixão das suas vidas, como uma escada para desenvolver uma carreira de que possam se orgulhar. Elas são menos propensas a ir além das tarefas designadas. Como gestor, o ideal é criar equipes de funcionários com desempenho acima da média, e isso significa encontrar pessoas que vão além porque sabem que só assim conseguirão o sucesso.

Você não obterá isso de pessoas que apenas querem um emprego.

MINHAS PERGUNTAS FAVORITAS PARA UMA ENTREVISTA DE EMPREGO

Eu tenho algumas perguntas favoritas que gosto de fazer em entrevistas. Um fundamento comum a todas elas é que ajudam a eliminar as pessoas que eu definitivamente não quero contratar: as que apenas querem um emprego. Minha pergunta favorita se baseia na história da candidata que não conseguiu lidar com uma tempestade de neve:

- **"Qual foi o projeto profissional mais difícil de que você participou? Conte-me como lidou com ele."** Haverá uma enorme variedade de respostas a esta pergunta, e elas podem oferecer uma perspectiva real sobre a ética de trabalho das pessoas. Muito frequentemente, você descobrirá que, para algumas pessoas, a ideia de tarefa difícil é algo que você considera rotineiro ou trivial. O ideal é contratar pessoas que tenham lidado com projetos genuinamente desafiadores, aquelas que sabem o que é trabalho duro de verdade, basicamente.
- **"O que você realmente deseja conquistar em sua carreira? Qual é o seu trabalho dos sonhos?"** Essa pergunta, às vezes feita de outros modos — "Onde você se vê em cinco anos?", por exemplo —, parece cafona, mas a resposta permite verificar se a pessoa realmente quer o emprego que você está oferecendo ou se simplesmente quer um emprego para pagar o aluguel. Esse trabalho é exatamente o que ela busca? Ela o usará para avançar na carreira de uma forma relevante e útil? Em outras palavras, ela utilizará o cargo oferecido por você para aprimorá-lo ainda mais?
- **"O que você acha que não fazemos bem? O que poderia ser melhorado?"** Essa pergunta basicamente testa se a pessoa conhece a sua empresa e se fez alguma pesquisa sobre o que ela faz antes de se candidatar para a vaga. Você também obterá algumas respostas interessantes e possivelmente úteis sobre aspectos de seu trabalho que poderiam melhorar. Se um candidato der uma resposta vaga a essa pergunta, você saberá que ele realmente não conhece muito a sua empresa.
- **"Qual é a questão mais interessante na sua área de trabalho no momento e por quê?"** É importante buscar pessoas que conheçam a área em que atuam, acompanhem-na e nutram paixão por ela. Se

você receber uma resposta interessante e original a essa pergunta, é um ponto positivo. O ideal é eliminar as pessoas cujas respostas mostrem ignorância em relação ao setor.

- **"Por que você deixou seu último emprego (ou qualquer outro anterior)?"** Candidatos inteligentes sabem que reclamar do chefe anterior (ou atual) nunca soa bem em uma entrevista de emprego, mas muitos o fazem assim mesmo. Você poderá identificar se o candidato é uma pessoa reclamona que se envolve em dramas pessoais ou se apenas está buscando um novo desafio.

PEDIR RECOMENDAÇÕES

À primeira vista, pedir aos candidatos a uma vaga de emprego que forneçam contatos para recomendações (isto é, de pessoas que possam recomendar contratá-los e que serão capazes de falar sobre os motivos) é uma insanidade. Afinal, nenhum vai oferecer o contato de alguém que possa dizer coisas ruins sobre ele. Mas há algumas perguntas que você pode fazer em um telefonema de recomendação que o ajudará a identificar os pontos fortes e fracos de um candidato. (E, assim como nas entrevistas de emprego, essa é outra oportunidade de extrair informações de pessoas que trabalham em empresas concorrentes.)

Aqui está uma lista das minhas perguntas de recomendação favoritas:

- **"Diga-me como você conheceu essa pessoa. Foi há quanto tempo?"** Uma pergunta básica, não é verdade? Faço essa indagação para saber se o contato conhece bem a pessoa ou não, bem como para saber se eles realmente trabalharam juntos. Você se surpreenderia com a quantidade de pessoas que indicam amigos como contatos de recomendação. Não há nada errado com isso, é claro, mas ser amigo de uma pessoa não é a mesma coisa de trabalhar com ela.
- **"Quais são os pontos fortes do candidato?"** Essa é uma pergunta fácil, mas você precisa manter a conversa rolando de alguma maneira!
- **"Quais são os pontos fracos do candidato?"** Todo mundo tem fraquezas. Você pode descobrir quais são elas antes de contratar alguém. É também interessante comparar a resposta do contato de recomendação

com a resposta do candidato a essa mesma pergunta feita durante a entrevista.

- **"Se o candidato não se der bem no emprego, qual poderia ser o motivo?"** Essa é uma ótima pergunta porque é muito difícil responder a ela com um viés floreado e positivo. As respostas normalmente denunciam os traços negativos de um candidato.
- **"Descreva o projeto mais difícil que esse candidato assumiu e como lidou com ele."** Essa é outra pergunta semelhante àquela que você já fez durante a entrevista de emprego. Eu gosto dela porque produz uma ampla variedade de respostas.
- **"O que esse candidato realmente deseja alcançar em sua carreira?"** Novamente, você já fez uma pergunta semelhante ao candidato durante a entrevista. Eu gosto de fazê-la aos contatos de recomendação também, porque as respostas mostram a diferença entre como o candidato se vê e a mensagem que ele realmente transmite às pessoas em sua rede.

DICAS RÁPIDAS

- Contrate pessoas que não desistam diante de uma adversidade ou dificuldade.
- Crie um pacote-padrão de materiais exigidos de todos os candidatos.
- Busque pessoas que sejam melhores que você. Toda nova contratação deve elevar o nível médio de talento da equipe.
- Recrute pensando na diversidade para certificar-se de que está contratando as melhores pessoas.
- Contratar pela diversidade requer trabalho extra. Você não conseguirá os melhores talentos se apenas anunciar passivamente as vagas disponíveis.
- Use os macetes detalhados neste capítulo para nivelar igualmente os candidatos e destacar os seus talentos reais, em vez da sorte que tiveram ao nascer.
- Busque pessoas intensas.
- Busque pessoas construtoras.
- Busque pessoas que se esforçam para serem selecionadas.
- Elimine as pessoas que apenas querem um emprego.
- Use uma lista de perguntas como as apresentadas neste capítulo para orientar suas entrevistas de emprego.
- Faça o mesmo ao questionar os contatos de recomendação.
- Faça anotações durante as entrevistas, de modo a se lembrar do que gostou em cada pessoa e de quais são seus pontos fracos.
- Leve todas as pessoas contratadas para almoçar no primeiro dia de trabalho delas. Isso fará com que se sintam bem-vindas. É muito mais fácil trabalhar com pessoas que se sentem bem recebidas na equipe. É também uma boa oportunidade, menos formal e mais casual, para que elas façam perguntas sobre como é trabalhar com você.

15

O TESTE DO VAN HALEN: QUEM VOCÊ DEVERIA PROMOVER

A banda de rock Van Halen, que tem "Jump" e "Panama" entre seus maiores sucessos, costumava fazer com que as casas de shows assinassem um famigerado contrato cuja lista de exigências incluía deixar à disposição da banda uma tigela de M&Ms, mas com os de cor marrom removidos. O texto da cláusula, uma linha entre centenas, relacionava vários tipos de "petiscos", entre eles pacotes de batatas fritas com molhos variados, castanhas e pretzels. E então havia:

"M&Ms (AVISO: OS MARRONS DEVEM SER OBRIGATORIAMENTE REMOVIDOS)."

A maioria das pessoas pensava que a exigência de se removerem "os M&Ms marrons" era simplesmente um sintoma dos egos colossais dos membros da banda. Eles cancelavam shows em cima da hora se descobrissem M&Ms da cor marrom na mesa de bufê do camarim. "Sem M&Ms marrons" tornou-se uma piada famosa sobre a banda.

Anos depois, o vocalista David Lee Roth explicou por que a banda fazia essa exigência ridícula. Era um teste para determinar se os produtores em locais menores prestavam atenção a detalhes e à segurança.

"Nós chegávamos com nove carretas cheias de equipamento, quando o padrão era haver, no máximo, três. E encontrávamos muitos, muitos erros técnicos, como vigas que não aguentavam o peso, o piso do palco que afundava ou portas que não eram grandes o suficiente para que o equipamento fosse movido", escreveu ele em sua autobiografia.

"O Van Halen foi a primeira banda a sair em turnê levando consigo canhões de luz gigantescos com 850 refletores pelo país", Roth disse mais tarde, em uma entrevista de 2012.

"Na época, era a maior produção de todos os tempos." E nem todas as casas de shows estavam preparadas. "Se eu chegasse nos camarins, e tivesse sido um dos arquitetos do design de iluminação e palco, e visse M&Ms marrons na mesa do bufê, teria certeza de que o promotor não havia lido o contrato e teríamos de fazer uma verificação rigorosa de tudo."

Eram vidas que estavam em jogo: alguém poderia morrer se um daqueles enormes canhões de iluminação, suspensos acima do palco, caíssem porque alguém não verificou os detalhes corretamente na montagem.

O VALOR OCULTO DA CONFIABILIDADE

Eu ouvi essa história sobre o Van Halen e os M&Ms marrons pela primeira vez em meu primeiro emprego de verdade na mídia: no jornal diário *The Register Citizen*, de Torrington, Connecticut.

Torrington é uma típica cidade pequena americana. Sua rua principal se chama literalmente Main Street [Rua Principal]. Localiza-se em um pequeno vale rodeado de árvores e a população é de cerca de 40 mil pessoas. A arquitetura de suas casas mais antigas segue o clássico estilo da Nova Inglaterra: fachadas de sarrafos com persianas e cumeeiras, do tipo que podemos encontrar nos livros de Stephen King. Historicamente, o maior empregador tinha sido uma velha fábrica de ferramentas, mas o hospital local provavelmente tinha mais funcionários que a fábrica na época em que morei na cidade. Torrington, porém, considerava-se uma cidade industrial histórica do "cinturão da ferrugem" dos Estados Unidos, então a fábrica de ferramentas era uma parte significativa de sua identidade operária.

O *The Register Citizen*, um jornal familiar, tinha uma história venerável que remontava ao ano em 1874, quando foi criado. Sua redação era então composta de cerca de 25 pessoas, antes de a internet dizimar o setor de jornais regionais. Naquela época, o jornal era o coração da comunidade.

Eu era responsável por uma tarefa importante em meu primeiro cargo como revisor no *The Register Citizen*: buscar os pedidos de café e donuts de todo mundo na cafeteria local, a Talk of the Town.

Eu fiz isso praticamente todos os dias por cerca de seis meses. Você pode dizer que era uma tarefa humilhante. Eu devia estar editando um jornal diário, e não buscando café para os outros funcionários.

De qualquer forma, a regra do Van Halen se aplicava: eu percebi que, quando alguma outra pessoa ia buscar o café e trazia os pedidos errados, os editores seniores sujeitavam aquela pessoa a cinco minutos de ridicularização quanto à sua incompetência. As pessoas podem ser exigentes em relação ao café! Ninguém quer apenas "um café". Elas querem o café *exatamente daquela maneira.*

Buscar café e donuts sem cometer erros é uma forma muito eficiente de demonstrar que você é confiável o suficiente para se responsabilizar por tarefas que não admitem qualquer erro.

Ao final do ano, as pessoas da redação já confiavam em mim. Tornei-me o responsável por editar a primeira página. Meu trabalho era escolher as matérias, escrever as manchetes e selecionar as fotos que as pessoas veriam na rua no dia seguinte. No fim de semana, isso significava ser o único responsável pelo jornal inteiro. Quando surgia uma notícia no meio da madrugada, era meu trabalho correr para a gráfica nos fundos do edifício, onde o jornal era impresso a altas velocidades em bobinas gigantes, e gritar: "Parem as máquinas!". Exatamente como nos filmes.

Era o emprego dos sonhos de um jovem jornalista. Eu nunca fui um ótimo editor de jornal, mas consegui aquela promoção porque fazia o que tinha de fazer e cometia poucos erros.

VOCÊ SE SURPREENDERÁ COM A QUANTIDADE DE FUNCIONÁRIOS QUE NÃO SÃO BONS EM SEGUIR INSTRUÇÕES

Quando você está considerando promover alguém, a confiabilidade acaba tendo um valor enorme.

Como gestor, você depende de outras pessoas para que o seu trabalho seja concluído. Então, saber em quem pode confiar para realizar o trabalho (e quem não merece essa confiança) é um dos fatores mais importantes ao se considerar a promoção de uma pessoa.

Esse é um aspecto da gestão de pessoas que, francamente, me surpreendeu bastante. Algumas apenas não são boas em fazer o que devem. Isso não quer dizer que sejam insubordinadas ou incompetentes; é mais sutil que isso. Elas só não são boas em concluir uma tarefa. Eu costumava ser uma dessas pessoas.

AQUELA VEZ QUE ME COBRI DE COLA INDUSTRIAL

Meu primeiro emprego quando me tornei adulto foi como motorista de entregas em uma fábrica de caixas de papelão. Eu dirigia um caminhão cheio de nossos produtos — grandes pilhas de caixas e barris enormes de cola — para entregá-los a clientes no noroeste da Inglaterra. O caminhão que me deram era do maior tipo possível para alguém que não tinha habilitação para dirigir veículos pesados: ele pesava um pouco mais que 8 toneladas. Sua cabine era elevada, então era como dirigir um veículo de carga "real". A visibilidade do caminhão também era muito pior que a proporcionada por um carro normal: não havia espelho retrovisor central, pois a carga o tornaria inútil, e eu dependia inteiramente dos espelhos laterais, o que significava que era impossível ver as rodas traseiras do veículo do banco do motorista.

Um detalhe importante: o caminhão tinha 8 metros de comprimento. Isso significava que eu tinha de fazer curvas excepcionalmente abertas. Se não as fizesse do jeito certo, subiria com as rodas traseiras no meio-fio, sacudindo e bagunçando a carga. Se eu não conseguisse fazer as curvas abertas, poderia arrancar as placas de trânsito. Poderia até mesmo matar algum pedestre.

Eu era um motorista ruim. Quando eu dirigia o meu caminhão, novos amassados e riscos eram ocorrências diárias. Eu arrancava galhos de árvores com a parte traseira do veículo frequentemente. Certa vez, perdi um espelho retrovisor lateral porque me aproximei demais de uma cerca viva em uma via rural. Eu danificava aquele caminhão toda vez que o dirigia.

Toda. Vez.

No meu pior dia, não prendi direito uma carga de barris que seria entregue a uma empresa química muito conhecida em Liverpool. Os barris estavam cheios de cola. Na metade da viagem, depois de ter subido com as rodas traseiras em meia dúzia de meios-fios por não fazer as curvas tão abertas como deveria, ouvi os barris se soltando. Então, eles começarem a rolar na traseira do caminhão, batendo nas laterais e nas portas. Cada barril pesava cerca de 1 tonelada: pesados demais para que eu pudesse erguê-los por conta própria. Não havia nada que eu pudesse fazer até chegar às docas de entrega do cliente, onde haveria uma empilhadeira para me auxiliar no esforço de colocar os barris de volta no palete de madeira ao qual eles deveriam estar fixados.

Cheguei na fábrica, dei marcha a ré no caminhão para entrar na doca de carga e tentei abrir a porta traseira. Estava presa; não havia jeito de abri-la.

Fiquei horrorizado.

Sabia que os barris estavam soltos na parte traseira, mas agora suspeitava de que a cola pudesse ter vazado e colado a porta durante a viagem.

Os caras na fábrica rolavam de rir. Dei vários puxões na porta traseira. De repente, ela cedeu e finalmente se abriu.

De imediato, uma onda gigantesca de cola branca — havia cerca de 1.300 litros em cada barril — foi lançada da traseira do caminhão, atingindo diretamente as minhas pernas. Fiquei coberto daquilo.

Mais risadas.

Grande parte da carga foi perdida. Precisei ser lavado com uma mangueira do lado de fora, como um animal, antes de poder voltar para o caminhão e fazer o caminho de volta. Eu era o pior caminhoneiro da história. Não havia um único dia em que não fazia alguma besteira que acabava custando caro.

Haverá alguém como eu em sua equipe. Não promova essa pessoa.

O PROBLEMA DE EXECUÇÃO

Isto é o que eu chamo de problema de execução.

Alguns funcionários, francamente, não conseguem passar um único dia sem que seu trabalho não precise passar pela intervenção de seus chefes ou colegas. Isso não é um problema nos níveis juniores da empresa, desde que eles aprendam e melhorem com o tempo. Todo mundo comete erros. Mas, em termos de promoção ou de uma nova contratação, o ideal é priorizar pessoas que consigam fazer o trabalho sem precisar de ajuda.

Você verá esse padrão surgir rapidamente. Haverá pessoas na sua equipe que farão o trabalho — sem problemas, sem transtornos. E haverá um pequeno número de funcionários aparentemente incapazes de fazer qualquer coisa sem a assistência constante dos colegas.

Algumas pessoas são boas na execução; outras, não. Obviamente, o ideal é promover os executores da equipe e incentivá-los a recrutar pessoas que, de maneira semelhante, sejam boas em fazer o trabalho, mas você precisa buscar outras qualidades também.

- **Pouco drama:** olhe para as pessoas que trabalham com você. Quem está trabalhando mais e com mais sucesso? É especialmente importante identificar as pessoas que trabalham com sucesso *sem alarde*. Não em um silêncio literal, claro, mas com o mínimo de estardalhaço. Elas são extremamente valiosas e difíceis de substituir. Promova quem faz pouco drama.
- **Alta produtividade:** isso é fácil de notar. Quem está realizando mais por aqui? Essas pessoas devem ser mantidas.
- **Certo na primeira vez:** essa pessoa consegue acertar na primeira vez, o tempo todo? Alguns erros ocasionais são esperados; todos erramos de vez em quando. Mas as pessoas que você deseja promover são aquelas cujo trabalho é consistentemente perfeito desde a primeira vez, não aquelas que sempre precisam de ajuda para realizá-lo. Diz-se que "a consistência é o duende das mentes pequenas", mas isso está errado. No mundo do trabalho, ou em qualquer outra situação em que você quer ter sucesso, a consistência é o duende da excelência.
- **Intensos e construtores:** obviamente, você deve buscar as mesmas qualidades em novas contratações.

ESCADAS PARA AS ESTRELAS

Imaginemos que você trabalhe com vendas. As habilidades de que precisa para ter sucesso como profissional de vendas incluem ser muito competente em chamadas não solicitadas e em vender sua ideia, e não se importar ao ouvir um não.

No final do processo, o cliente fica feliz por vocês terem se encontrado — e por não ter sido enganado. Agora, imagine que você seja a melhor pessoa em vendas do escritório.

Quem a gestão deveria promover para a diretoria do escritório?

A maioria das empresas o escolheria como a melhor pessoa para isso, e você aceitaria a promoção com alegria. Mas gerenciar pessoas requer um conjunto de habilidades completamente diferente da atividade de vendas. Gerenciar, em geral, não envolve fazer chamadas não solicitadas, por exemplo.

Então, temos uma ironia: quando as empresas promovem os melhores trabalhadores, elas também perdem seus melhores trabalhadores. Notadamente, pessoas excelentes em vendas acabam sendo péssimas gestoras.

Acontece o mesmo nos esportes. Ninguém tira o artilheiro de campo e o promove a técnico. É melhor que ele permaneça no campo e continue a mandar a bola para o fundo da rede.

Nem todo mundo deve ir para a gestão. Algumas pessoas são boas no que fazem e devem ficar onde estão, mas elas provavelmente não querem sentir que sua carreira está estagnada. Então, é importante criar escadas para as estrelas que não são gestoras.

Em outras palavras, você deve criar um sistema de promoção de duas vias:

- uma para as pessoas que seguirão para a gestão, porque são realmente boas em organizar e liderar as outras;
- outra para as estrelas da equipe que podem não ser boas em gestão, mas desejam um crescimento significativo na carreira.

As pessoas na escada das estrelas devem ser capazes de conquistar cargos prestigiados e crescimento constante, com aumento de salário, embora possam não supervisionar ninguém. Se o trabalho delas é excelente e você precisa mantê-las na equipe, recompense-as por isso, mesmo que não estejam na via para a gestão.

Lembre-se: pessoas que são boas em seus trabalhos não gostam de ficar estagnadas. Elas querem sentir que estão subindo de nível também.

DICAS RÁPIDAS

Ao considerar quem promover, busque:

- Confiabilidade.
- Pessoas que possam executar.
- Pessoas que não façam muito drama.
- Pessoas altamente produtivas.
- Pessoas intensas.
- Pessoas construtoras.
- Pessoas que acertam na primeira vez. A consistência é o duende da excelência.
- Crie escadas para as estrelas: estabeleça uma via separada de promoção para recompensar as estrelas que não supervisionam ninguém.
- Diga a suas estrelas que elas são estrelas. Diga que você tem grandes planos e que elas deveriam permanecer para colher os frutos. Elas ficarão menos propensas a ir para a concorrência se acreditarem que o futuro é brilhante com você. (Obviamente, você tem de fazer com que seus grandes planos aconteçam e entregar as recompensas decorrentes deles.)

16

GERENCIAR PARA CIMA: O MACACO NOS SEUS OMBROS

O problema do modelo Hollywood de ser chefe é que ele presume que você, o chefe, tem um poder incrível e onipotente, como acontece nos filmes.

Na realidade, é extremamente incomum que um gestor seja o chefe de todo mundo. O mais provável é que você seja um dos gestores em uma longa cadeia de comando. Às vezes, temos chefes onipotentes em pequenas empresas privadas, que são propriedade de uma única pessoa, como uma loja da esquina ou uma pequena agência de RP. A maioria das empresas, e certamente as maiores, porém, não é estruturada como uma loja da esquina.

Em uma empresa privada de tamanho médio, o responsável no nível mais baixo de gestão supervisiona alguns funcionários. Por sua vez, essa pessoa pode ter uma chefe na gestão intermediária. Em empresas maiores, há várias camadas de gestão em níveis inferiores antes de se chegar ao CEO.

Embora algum CEO possa querer que você acredite que ele é o chefe de todos, a verdade é que ele responde para níveis superiores, como um conselho diretivo. Alguns membros desse conselho são os investidores da empresa, normalmente do setor de capital de risco, e esses investidores têm chefes também, normalmente chamados de sócios-cotistas, que são investidores de grandes instituições financeiras, como fundos de pensão, empresas seguradoras ou grandes fundações financeiras. Adivinha? Os sócios-cotistas também têm chefes dentro de suas próprias empresas, e essas empresas têm CEOs que, por sua vez, respondem a conselhos diretivos.

Da mesma forma, em empresas de capital aberto (aquelas cujas ações são negociadas nas bolsas de valores) o formato tem paralelos equivalentes: os diretores responderão aos investidores, que demandarão da empresa, por todos os ângulos, toda sorte de melhorias.

É assim que a gestão funciona na vida real. As pessoas em níveis inferiores ao seu podem achar que você é uma fera com muito poder, mas você sabe que, muitas vezes, os seus superiores são criaturas mais assustadoras.

A cadeia de comando cria a infeliz tendência de as pessoas empurrarem seus problemas para os gestores acima delas. A intenção é justificada. Ninguém quer cometer um erro. As pessoas querem que suas decisões sejam aprovadas por seus chefes. Os gestores querem saber se há problemas no trabalho e as pessoas em níveis inferiores talvez precisem de sua autoridade para realizar determinadas tarefas.

Isso gera o problema do macaco no ombro dos outros.

Ele recebeu esse nome em razão de um artigo de 1974 publicado na *The Harvard Business Review*, que a revista diz ser "uma das duas reedições mais vendidas de todos os tempos". Nele, William Oncken Jr. e Donald L. Wass descrevem a situação de um gestor que supervisiona quatro funcionários que a todo momento pedem ajuda a ele. Toda vez que encontram um problema, recorrem ao gestor para obter uma solução. Como observado por Oncken e Wass, porém, toda vez que um funcionário pede ao chefe que resolva um problema, o macaco em seus ombros pula para os do chefe: "Vamos supor que esses mesmos quatro subordinados sejam tão cuidadosos e atenciosos em relação ao tempo do superior que se empenham para que no máximo três macacos pulem de seus ombros para os dele em um dia. Em uma semana de cinco dias, o gestor terá nos ombros uns sessenta macacos gritando. Um número muito excessivo para que ele possa fazer qualquer coisa por eles individualmente".

O artigo descreve a solução adotada pelo desafortunado chefe. Ele vai ao trabalho todos os sábados pela manhã para cuidar das pendências: "Ele retorna cedo no dia seguinte e vê, da janela do escritório, no campo de golfe mais próximo, um grupo de quatro pessoas. Adivinha quem são".

COMO VOCÊ PODE SOLUCIONAR ESSE PROBLEMA PARA MIM?

A solução é dar aos seus funcionários o poder de resolver problemas por conta própria ou, pelo menos, treiná-los para que, se eles o abordarem com um problema, uma de suas respostas mais frequentes seja: "Como você pode solucionar esse problema para mim?".

A finalidade *não* é empurrar todos os problemas para os trabalhadores nos níveis mais baixos; isso seria uma estupidez. Trata-se de ter certeza de que todos os seus funcionários estejam pensando à frente e de dar a eles o poder de consertar as coisas por conta própria. Não transforme os problemas *deles* em *seus*, ainda mais se for mais rápido que eles resolvam os problemas em primeiro lugar.

Todavia, voltando ao gestor com os sessenta macacos gritando em seus ombros, é de se notar que devolver todos aqueles macacos para os níveis inferiores da cadeia não resolverá de forma imediata os problemas. Tal ação simplesmente os faria cair nos ombros de outros funcionários que podem ou não ser capazes de solucioná-los. Pode-se criar uma situação em que os funcionários se desesperarão, e agora haverá sessenta macacos correndo pela empresa sem nenhuma orientação da gestão.

É aqui que entra a priorização. (Já abordamos o seu valor no capítulo sobre aumento de produtividade.) Priorizar é basicamente se certificar de que os funcionários estejam trabalhando nas tarefas mais importantes o tempo todo e que possam deixar em segundo plano as de menos importância.

Mas um aspecto crucial é garantir que eles também tenham o direito de pedir a você que estabeleça prioridades. Se eles realmente têm sessenta problemas, é razoável concluir que não conseguirão solucionar todos em uma semana. Eles devem ser capazes de se aproximar de você e dizer: "Não temos como fazer tudo isso. O que você quer que realizemos primeiro? Há alguma coisa que podemos deixar para lá?". Você precisa desenvolver a capacidade de eliminar as tarefas mais triviais rapidamente.

Em outras palavras, priorize e elimine.

POR QUE *GERENCIAR PARA CIMA* É INCRIVELMENTE IMPORTANTE

Embora os funcionários geralmente se sintam confortáveis em abordar seus chefes em busca de soluções, o problema dos macacos tem um oposto também: funcionários que não informam com frequência aos seus chefes sobre o que está funcionando. Em geral, os gestores sabem muito menos a respeito daquilo que se passa no trabalho do que você imagina; isso é contraintuitivo. Fazemos nosso trabalho na frente dos nossos chefes. Eles literalmente podem ver o que estamos fazendo o dia todo. Como é possível que isso seja um problema?

Assim que você é promovido a uma posição de gestão, porém, descobre que as pessoas têm a tendência de ser reticentes com seus chefes, mesmo quando as coisas vão bem. Elas não querem desperdiçar o tempo do gestor. Não querem parecer obsequiosas. Elas presumem que, se o chefe quiser algo, ele vai pedir. E, se não pedir, é porque já deve ter as informações de que precisa.

Como resultado, os chefes podem acabar no escuro. Você se lembra de Dave, o sujeito que, embora trabalhasse bem ao lado da chefe, disse: "Eu só quero saber que porra está acontecendo"? É a esse nível que a má comunicação pode chegar dentro de uma empresa. As pessoas pensam que, por estarem na mesma sala, todas estejam na mesma página. Isso não é verdade.

Considerando que faz parte de uma cadeia de comando, você precisa saber como as informações se movem para cima e para baixo dentro dela e por que isso é importante.

Em geral, é mais fácil fazer com que as informações se movam para baixo na cadeia. Normalmente, é mais difícil fazer com que as boas informações voltem para os níveis superiores. *Para cima* inclui informações chegando até você, bem como informações que você deve fazer chegar àqueles em posições superiores à sua. Como uma pessoa no cargo de gestão, você deve ser capaz de promover, defender e mostrar o valor do trabalho que sua equipe faz de forma significativa. Esse trabalho se reflete em você. E a cadeia de comando superior precisa vê-lo, para o seu próprio benefício também.

De modo semelhante, você precisa fazer com que os funcionários abaixo de você comuniquem para cima o que estão realizando, com dados verificáveis, exatamente pelo mesmo motivo.

DUAS MANEIRAS DE GERENCIAR PARA CIMA

Gerenciar para cima envolve comunicar-se em duas maneiras:

- Contar às pessoas com posições acima da sua sobre o que você anda fazendo. Você precisa comunicar à cadeia de comando superior o valor do trabalho que você e sua equipe realizam.

- Ensinar aos seus subordinados que devem comunicar a você, ou seja, para cima, os resultados do que estão fazendo. Isso é, muitas vezes, ignorado. Uma forma de se tornar um gestor melhor é certificar-se de que todos abaixo de você gerenciem para cima tanto quanto você gerencia para baixo.

Gerenciar para cima (fazer com que a comunicação se mova de forma contínua em ambas as direções) é uma competência incrivelmente desvalorizada. Não se trata apenas de empurrar os problemas para cima ou para baixo. Idealmente, trata-se de ver o negócio que você gerencia de modo abrangente e facilitar a administração tanto pelos seus funcionários como pelos seus gestores.

DICAS RÁPIDAS

- A maioria das pessoas em cargo de gestão ocupa lugar em uma cadeia de comando. Elas não possuem um poder onipotente.
- Você precisa gerenciar para cima e para baixo nessa cadeia.
- Você se surpreenderá com a dificuldade que encontrará para ver o que as pessoas abaixo de você estão fazendo sem ter dados.
- Comunique para cima, com dados, o valor do que você e seu pessoal estão fazendo.
- Ensine sua equipe a gerenciar para cima (para você) da mesma forma, com dados verificáveis.
- Não permita que seus funcionários passem para os seus ombros os macacos que estão nos ombros deles.
- Dê ao seu pessoal o poder de resolver problemas por conta própria.
- Estabelecer prioridades evitará impasses.
- Garanta ao seu pessoal o direito de lhe pedir que defina as prioridades, para que ninguém tente corrigir tudo de uma só vez. As pessoas precisam saber que podem lhe pedir isso.

17

INCENTIVANDO O COMPORTAMENTO DE NÍVEL QUATRO

Até aqui, tudo bem.

Você está incentivando seu pessoal a ser confiável, a não fazer drama e a ser altamente produtivo. Trata-se de pessoas intensas e construtoras que entendem as coisas logo de primeira; estão gerenciando para cima.

Todas essas qualidades fazem alguém ser bom no trabalho atual. Ao considerar uma promoção para um membro da equipe, você precisa buscar qualidades que mostrem que essa pessoa pode ser boa em um cargo mais sênior no futuro.

E como fazer isso? Aqui está um exemplo:

Uma ex-colega (que vamos chamar de Robyn) certa vez me contou sobre um projeto horroroso com que teve de trabalhar na Bloomberg. A empresa publica uma análise anual das mudanças ocorridas na legislação tributária internacional. (Eu sei. Legislação tributária. Tente não se empolgar demais.)

Essa análise é um projeto grande e complicado, que depende de um prazo fiscal anual que, obviamente, não pode ser alterado. A análise tributária abrange 114 países e, para realizá-la, é necessário encontrar um advogado em cada um deles para que redija um guia com todas as mudanças fiscais ocorridas naquele país no último ano. Esse guia precisa, em seguida, ser analisado por uma série de editores jurídicos, técnicos e de conformidade. Ele é usado por milhares de advogados e contadores no mundo todo, devendo ser entregue no prazo, sem nenhuma possibilidade de atraso.

Em geral, o guia é simplesmente atualizado ano a ano. Mas, desta vez, os editores da Bloomberg queriam publicá-lo em um novo formato — e ninguém percebeu que esse novo formato triplicava a quantidade de trabalho necessário.

Robyn contou que ela começou a marcar em vermelho as seções do guia que não poderiam ser entregues no prazo e logo percebeu que a maior parte do guia tinha ficado daquela cor. Não havia a menor chance de o trabalho ser feito a tempo.

Os clientes da Bloomberg pagam dezenas de milhares de dólares anualmente pela assinatura. Não entregar o guia seria uma falha gigantesca. Esse é também o pior pesadelo de todo jornalista: perceber, para seu completo pavor, que não há nenhuma chance de concluir seu projeto antes de um deadline que não pode ser alterado.

A solução que ela encontrou não era espetacular, mas funcionou. Ela foi até os chefes, explicou a situação e os persuadiu a permitir que ela contratasse mais editores para aquele trabalho. Eles também decidiram que o guia, em vez de um único produto publicado de uma só vez, seria um pacote de duas partes, com a primeira publicada no prazo original e a outra nas semanas seguintes. Isso possibilitaria que a equipe entregasse algo no prazo enquanto se virava para fazer o resto.

Tudo bem, esse relato da análise tributária não é a história mais incrível que já contei! Mas ele me mostrou que:

- Robyn percebeu antecipadamente que a empresa estava enfrentando um grande problema;
- ela apresentou um plano para resolvê-lo;
- no final das contas, o trabalho foi feito.

Robyn acabou se mostrando uma das melhores gestoras com quem já trabalhei. Isso porque ela sempre demonstrava um comportamento de nível quatro.

Explicando de forma simples: um funcionário que opera no nível quatro é alguém que domina o próprio trabalho, mas que também compreende o trabalho da pessoa acima dela bem o suficiente para executá-lo. Uma pessoa de nível quatro é uma candidata excelente para uma promoção.

Eu soube da ideia do nível quatro com meu colega John Heggestuen, vice-presidente de estratégia na Insider Intelligence, a unidade de pesquisa de mercado da *Insider*. Em 2018, John escreveu uma coluna de conselhos para pessoas que buscavam ser promovidas. O artigo, publicado na *Insider*, dividia os funcionários em quatro tipos, a depender de como solucionavam os problemas no trabalho.

John descreve esses tipos de uma maneira muito melhor do que eu poderia fazer, então vou reproduzir muitos trechos do seu artigo. (O título do original é "Isso é exatamente o que você tem que dizer ao seu chefe para mostrar que é bom no seu trabalho" e foi publicado em 15 de novembro de 2018, caso você queira lê-lo.)

Os quatro níveis são descritos a seguir.

Nível um: eu tenho um problema. O que devo fazer?

"Essa é uma forma muito imatura de comunicar um problema. Você está gerando mais trabalho para o seu chefe, porque está pedindo a ele que solucione o problema para você", diz John. Essa pessoa não está pronta para ser promovida. (Se alguém que esteja em sua equipe há bastante tempo ainda trabalha dessa maneira, talvez seja interessante considerar a substituição dessa pessoa.)

Nível dois: eu tenho um problema. Aqui estão as possíveis soluções.

Uma pessoa de nível dois ainda apresenta ao gestor problemas a serem resolvidos. Ela ainda está gerando trabalho em vez de resolver problemas. Mas agora, pelo menos, já está pensando no problema a ponto de conceber uma solução. "Apenas mostrar que você pensou em como solucionar um problema já indica que tem potencial para ir ao nível seguinte", comenta John.

Nível três: surgiu um problema. Estas eram as minhas opções. Optei por esta e aqui está o motivo. Já resolvi.

Essa pessoa claramente conhece o negócio a fundo e quer realizar o trabalho. Ela mantém o gestor informado. E, obviamente, há um elemento de confiança, já que é arrojada o suficiente para solucionar problemas sem envolver a gestão. "'Já resolvi' é música para os ouvidos de um gestor", diz John, "e não gera trabalho adicional."

Nível quatro: parece que você está enfrentando um problema. Aqui estão algumas opções para solucioná-lo.

Essa pessoa não está apenas cuidando do negócio, mas antecipa problemas que ainda não surgiram e apresenta meios para evitá-los. Ela prevê as necessidades do gestor e pensa em maneiras de atendê-las. "Essa é uma pessoa operando no próximo nível", comenta John.

DICAS RÁPIDAS

- Ao considerar uma promoção para um membro da equipe, você precisa identificar qualidades que demostrem que essa pessoa pode ser boa em um cargo mais sênior no futuro.
- Busque pessoas de nível quatro, aquelas que preveem e solucionam problemas antes mesmo que eles surjam.
- Pessoas de nível um estão sempre pedindo a você que solucione os problemas delas.
- Pessoas de nível dois podem identificar soluções, mas ainda querem que você forneça as respostas para elas.
- Pessoas de nível três lidam com os problemas e o informam a respeito disso.
- Pessoas de nível quatro antecipam os seus problemas e sugerem estratégias para resolvê-los antes mesmo que surjam.

18

DEFINA OBJETIVOS PARA ACABAR COM A GESTÃO BASEADA APENAS EM RELATOS

Muitos anos atrás, eu gerenciava uma equipe que havia aumentado de apenas três membros para cerca de trinta em poucos anos. Mesmo assim, na maior parte do tempo, eu ainda administrava o escritório como se fôssemos um grupo pequeno, todos sentados à mesma mesa, a uma curta distância uns dos outros, todos trabalhando com as mesmas certezas. O problema do jantar, em outras palavras: eu agia como se ainda fosse o anfitrião de uma refeição íntima para quatro pessoas, quando deveria me comportar como o maestro de uma orquestra.

Chegou o momento da avaliação de desempenho anual de um funcionário em particular, que chamaremos de George.

Em uma reunião com os seis gestores que me ajudavam a administrar o escritório, perguntei a eles sobre o desempenho do George no último ano. Todos disseram que gostavam dele. Ele era ótimo. Fazia qualquer coisa que se pedia a ele, eles disseram. Contaram várias histórias sobre como era divertido trabalhar com o George.

“Fantástico”, respondi. “Mas o que exatamente ele atingiu no último ano?”

Várias expressões vazias se espalharam pela mesa.

Acontece que, não por culpa dele, George fora transferido de uma equipe para outra. Um de seus gestores saíra da empresa e fora substituído por um novo. Suas responsabilidades mudaram e, como resultado, George caíra em um limbo: não havia ninguém acompanhando de forma consistente o trabalho que ele fazia.

Fiquei furioso. Era como estar em uma comédia sobre má gestão.

“Tudo bem”, retruquei. “Então, vocês estão me dizendo que não há ninguém monitorando o desempenho dele? Que não sabemos se ele merece uma promoção ou se deve ser dispensado?”

Mandei a equipe fazer um trabalho de detetive e retornar com dados reais que mostrassem o que George havia feito no último ano. A boa notícia foi que, depois de duas semanas de busca, conseguimos descobrir que ele de fato estava envolvido em vários projetos importantes para a empresa. Ele merecia crédito por isso, então lhe demos um aumento.

Mas é fácil perceber como era injusta toda a situação de George. Seus gestores (inclusive eu) haviam falhado com ele ao não acompanhar, coletar e apresentar dados de desempenho sobre seu trabalho mensalmente. As empresas tomam decisões referentes a contratações, demissões, promoções e remunerações com base na sua capacidade de mensurar o desempenho dos indivíduos. Um pouco menos de cuidado de nossa parte poderia ter custado o emprego de George. (Não contamos a ele sobre esse drama dos bastidores, é claro!)

Nesse sentido, monitorar o desempenho dos funcionários com dados objetivos evita o modo de gestão baseado somente em relatos, que era o que estávamos fazendo com George. Legal que era ótimo trabalhar com ele e que ele era um colega popular, mas, como mencionei anteriormente, o trabalho não é uma competição de popularidade, e sim de se fazer o que deve ser feito.

Como alguém em um cargo de gestão, suas decisões são muito importantes para o seu pessoal, tanto financeiramente quanto para a progressão de suas carreiras. As decisões que você toma devem ser precisas, e isso significa analisar de forma ampla tudo o que os funcionários fizeram desde a última avaliação; não apenas o trabalho mais recente, tampouco o que ficou gravado na sua mente, e não com base em relatos ou impressões.

Em geral, os dados verificáveis são seus melhores amigos. Não importa quais sejam as responsabilidades do seu pessoal: transforme-as em números que possam ser monitorados no longo prazo. O membro da equipe atingiu os objetivos ou não? Teve um desempenho acima ou abaixo do esperado? Ele deveria ser promovido ou não? Os números podem trazer as respostas, não apenas com base no desempenho das últimas duas semanas, mas no longo prazo, como 12 meses ou mais.

OBJETIVOS QUE FUNCIONAM

É claro que os humanos não são robôs; a qualidade importa também. Você deve usar as reuniões de avaliação de desempenho para estabelecer objetivos que incentivem a criatividade, a ambição, a responsabilidade por novos projetos ou o desenvolvimento de novas linhas de negócio. Alguns desses aspectos não serão facilmente mensuráveis em uma planilha; outros *não devem* ser mensurados em uma planilha. Você deve dar ao seu pessoal a chance de brilhar em termos de qualidade e quantidade.

Eu recomendo propor ao pessoal três grandes objetivos a serem atingidos em cada trimestre:

- Um objetivo quantitativo (algo objetivamente mensurável com números).
- Um objetivo qualitativo (algo que envolva ambição, sofisticação ou a escala do trabalho).
- E um objetivo *curinga* ou personalizado, baseado nas circunstâncias individuais da pessoa.

Esses objetivos devem ser compartilhados por escrito com cada membro da equipe, para que todos possam ver o que a pessoa atingiu no trimestre anterior e o que deve buscar no próximo. As avaliações de desempenho trimestrais são boas porque exigem que os gestores examinem e reconheçam as conquistas dos funcionários. Os gestores nem sempre veem todo o bom trabalho feito pelas pessoas, como aprendi com o caso de George. Elas também os ajudam a identificar onde os funcionários têm tido problemas e onde uma intervenção pode ser necessária. Ou talvez os objetivos sejam impossíveis e a pessoa no cargo de gestão precise pensar novamente.

E, por sinal, os objetivos devem ser realmente *objetivos*: conquistas desafiadoras, porém realistas. Não devem ser apenas descrições das atividades básicas exigidas na descrição do cargo daquela pessoa. Explicando de outra forma: se você estabelece objetivos que digam algo como "chegar ao trabalho pontualmente de manhã", você está fazendo isso errado.

A última parte da avaliação deve ser uma conversa aberta para que a pessoa possa fazer perguntas sobre a empresa, o plano de modo geral e onde ela se encaixa no grande esquema das coisas. Isso é especialmente útil se ela não se reúne muito frequentemente com você. As pessoas não são adivinhas; elas não sabem o que você está pensando, como vê as coisas, o que considera bom ou ruim no negócio. Infelizmente, e porque não são adivinhas, elas tendem a fazer suposições sobre o que está acontecendo, e essas suposições podem ser muito erradas. (Esse é outro bom motivo para não praticar cultivo de cogumelos.) O ideal é que todos estejam na mesma página, e as avaliações de desempenho trimestrais são uma ferramenta útil para chegar lá.

DICAS RÁPIDAS

- Cada gestor deve agendar uma avaliação de desempenho formal com todos os seus subordinados diretos, individualmente, a cada trimestre.
- As avaliações de desempenho devem examinar se a pessoa atingiu objetivos quantitativos (mensuráveis por números) e qualitativos (mensurados por julgamento).
- A avaliação deve se valer de um olhar amplo, abrangendo pelo menos os últimos nove meses de trabalho, para que você possa observar o desempenho de longo prazo.
- As avaliações de desempenho devem incluir bons dados. Evite a gestão por relatos.
- Seja direto e transparente ao discutir o progresso de uma pessoa da sua equipe. Bons funcionários querem elogios e reconhecimento pelas coisas que fizeram bem, mas também orientação e ajuda em relação a aspectos do trabalho que podem melhorar.
- A avaliação de desempenho deve ser usada para se estabelecerem objetivos para o trimestre seguinte, e eles devem ser escritos. Deixe claro o que você realmente espera que seja realizado.
- Considere definir, para cada membro da equipe, três objetivos importantes por trimestre. Menos que isso é provavelmente fácil demais de se alcançar em um período de três meses; mais que isso pode parecer exagerado.
- Se você quiser incentivar as pessoas a gerenciar para cima (para você), peça que anotem as suas próprias avaliações de desempenho antes da reunião. Dessa forma, você poderá verificar se a pessoa tem uma ideia realista do próprio progresso.

19

NEGOCIAÇÕES DE REMUNERAÇÃO: "QUE RAIOS É PRECISO FAZER PARA CONSEGUIR DAR UM AUMENTO DE SALÁRIO A ALGUÉM NESSA CIDADE?"

Na primavera de 2018, o bitcoin era (de novo) o assunto do momento. Sua cotação beirava os 19 mil dólares, valor extraordinariamente alto naquela época. Muito capital de investimento vinha sendo aplicado em empresas de criptomoeda e suas tecnologias de *blockchain*. Toda vez que a *Insider* publicava um artigo sobre bitcoin, atraía um grande interesse dos leitores. Nossas histórias viralizavam com frequência, enquanto os investidores de bitcoin (e as pessoas sem noção que queriam ficar ricas rapidamente) devoravam cada migalha de informação disponível sobre esquemas de cripto.

O interesse era especialmente grande em Londres, a capital mundial das *fintech* (empresas de tecnologia financeira). Os investidores de risco haviam aplicado centenas de milhões de dólares em diversas novas startups de tecnologia que buscavam criar uma ruptura nos serviços bancários tradicionais. Você provavelmente ouviu falar de algumas delas: empresas de câmbio de moeda estrangeira, como a Transferwise (agora chamada Wise); bancos online, como o Revolut; empresas de investimento *peer-to-peer*, como a Zopa; aplicativos que substituem cartões de débito, como o GoCardless.

Ainda assim, a *Insider* não tinha um jornalista dedicado exclusivamente à cobertura de criptomoedas em Londres. Precisávamos de um.

Então, persuadi um repórter de uma empresa rival a tomar um café comigo, pois ele era especialista em criptomoedas. Cripto é um assunto complicado. O número de jornalistas que realmente o dominam e possuem uma boa rede de contatos para fazer boas matérias é minúsculo. Havia provavelmente menos de dez jornalistas em Londres que poderiam falar do assunto naquela época. No mundo todo, não deveria haver mais que uma ou duas dúzias.

Nós nos encontramos em um café badalado, situado no lobby do hotel Leman Locke, em Aldgate, região sul de Shoreditch, em Londres. A cafeteria do Leman tem um andar superior iluminado e arejado com vista para a rua abaixo. A decoração esbanja madeira polida no estilo escandinavo e barras de metal expostas. Vasos de plantas ficam suspensos acima do bar.

O repórter com quem combinei de me encontrar chegou antes de mim. Ele era a síntese do estilo hipster de Shoreditch: óculos descolados de armação grossa, barba bem aparada e cabelo rebelde penteado para trás com gel. Ele vestia uma jaqueta de estampa xadrez e estilo deliberadamente vintage. Havia passado muito tempo se arrumando para parecer um pouco desarrumado.

Conversamos sobre o setor.

Embora eu respeitasse seu conhecimento do negócio, ficou claro que ele apreciava o fato de estar em alta demanda com suas próprias fontes (que ansiavam pela boa publicidade advinda de uma menção nos artigos escritos por ele) e a quantidade de empregadores potenciais que desejavam contratá-lo.

Por fim, cheguei ao ponto. Ele estaria interessado em trabalhar para mim?

"Não", respondeu.

Eu insisti novamente, mas ele deixou claro que estava muito satisfeito com seu empregador atual e não pensava em mudar.

Os jornalistas normalmente ganham muito mal. Por isso, muitos deles acreditam que os salários que recebem no emprego atual sejam semelhantes aos de outros lugares. Não é o caso. Na realidade, as remunerações no setor de mídia apresentam uma variação enorme. Alguns jornalistas no auge da carreira, ou seja, aqueles com competências valiosas, redes de relacionamento excepcionais, inúmeras fontes de informação e muitos anos de experiência, podem ter salários polpudos. O cara do café, como muitos jornalistas, parecia não saber disso.

Persisti. O que seria necessário, perguntei, para que ele se transferisse para a minha empresa?

Ele não mordeu a isca. "Eu não estou interessado em mudar de emprego no momento", disse.

"Mas você não está nem curioso para saber quanto poderíamos lhe oferecer?", perguntei.

"Não", respondeu ele.

Fiquei frustrado com a falta de interesse na oferta que poderia estar na mesa. Então, arrisquei. "Diga-me, qual é o seu salário atual?"

Para deixar claro, eu não tinha ideia de qual seria; tampouco sabia se eu poderia cobrir os valores. Eu simplesmente queria chamar a sua atenção, saber de onde poderíamos partir.

Houve uma pausa. Então, ele fez um sinal de negativo com a cabeça e nem sequer citou um valor. Não perguntou quanto eu poderia pagar. Ele simplesmente repetiu que não tinha interesse em mudar.

Eu ri, paguei a conta e voltei para o escritório pensando: "Que diabos preciso fazer para conseguir dar um aumento de salário a alguém nesta cidade?".

Entrevistei centenas de candidatos e participei de centenas de negociações de salário. É surpreendente como poucas pessoas perguntam sobre dinheiro. Você nunca saberá que tipo de oportunidade tem à sua frente se não perguntar.

COMO NEGOCIAR A REMUNERAÇÃO

Qualquer pessoa que trabalha terá que, em algum momento de sua vida, perguntar sobre remuneração e estar preparada para negociar. O que vem a seguir são meus conselhos para qualquer profissional, responsável pela gestão ou não, envolvido em qualquer tipo de negociação de remuneração.

Como pessoa no cargo de gestão, você provavelmente será responsável por definir os salários das pessoas sob sua supervisão. E, claro, quando receber uma promoção, provavelmente receberá uma oferta de aumento também. Então, vale saber como esse tipo de negociação funciona no mundo real, tanto para você como para o seu pessoal.

Este capítulo aborda negociações de remuneração, promoções e gratificação, nos dois lados da mesa.

COMO É UMA NEGOCIAÇÃO RUIM

É muito comum que os funcionários cheguem a uma avaliação de desempenho anual e digam algo como: "Eu mereço isso. Fiz um trabalho duro e tudo o que você me pediu para fazer. Sei de outras pessoas em posições semelhantes na empresa que ganham mais que eu e sinto que mereço um aumento".

Trata-se de uma argumentação muito fraca.

Trabalhar duro, realizar suas tarefas e seguir instruções são os requisitos mínimos de um emprego. Nada disso prova que seu trabalho foi tão produtivo que seu valor aumentou. Muitas pessoas ganham mais que você. É a vida. Seus sentimentos não têm valor em dinheiro.

COMO É UMA ARGUMENTAÇÃO FORTE

Uma argumentação forte deve ser capaz de demonstrar de forma clara, com fatos e dados, que você tem alta produtividade, que seu trabalho é feito em um padrão visivelmente superior ao dos seus colegas e que o ter na empresa é um bom investimento.

A chave está nos fatos e nos dados. É muito difícil dizer não a gestores ou funcionários com um claro histórico de desempenho superior, demonstrado com dados.

ENTÃO, COMO CHEGAR LÁ?

A negociação de remuneração começa antes mesmo de você ser aceito no emprego e antes de conseguir o próximo. Então, a primeira ordem do dia é...

Aceite conversar

Passei muito do meu tempo recrutando. Para uma única vaga de nível executivo, cheguei a analisar ou entrevistar mais de noventa pessoas. Muitas delas trabalhavam em empresas concorrentes, e eu estava tentando trazê-las para a minha. Divulgamos a vaga publicamente, claro. Mas, ao mesmo tempo, eu mandava mensagens de texto, e-mails e recados a uma dúzia ou mais de pessoas específicas cujo trabalho com outras marcas eu admirava.

O mais surpreendente nesse esforço de tentar roubar os talentos das empresas rivais é a baixa quantidade de pessoas que se interessam até mesmo em responder ao convite para uma conversa.

Se você não conversar com quem está tentando recrutá-lo, não saberá qual é a oferta ou quanto estão dispostos a pagar. Não importa se você não quer o emprego; esse não é o ponto. Aceitar o convite o ajudará a descobrir quanto você vale em outros lugares. (E, se você é a pessoa que está recrutando, ajuda a descobrir quanto o pessoal da concorrência está ganhando.)

Pergunte o valor que estão dispostos a pagar

Faça sua pesquisa. Use a sua rede de contatos. Fale com amigos ou colegas de empresas concorrentes sobre a situação delas. Pergunte quanto você poderia esperar ganhar. Isso é pesquisa de mercado.

Não conte ao entrevistador quanto você ganha atualmente

Esse é um erro clássico de negociação. O recrutador geralmente não tem ideia do seu salário atual. Mesmo em gestão, você lidará com muito menos informações referentes a remuneração do que gostaria. A maioria dos gestores não tem ideia do quanto seus pares ou chefes ganham e tem apenas informações casuais sobre o salário do pessoal em níveis comparáveis em empresas rivais.

Em qualquer negociação desse tipo, ambas as partes geralmente têm conhecimentos incompletos sobre os salários praticados pelo mercado. Então, confidenciar quanto você ganha atualmente só será útil para a outra parte, só adiciona conhecimento *para ela*, mas não para você.

O que as empresas realmente sabem é quanto cada um de seus próprios funcionários ou gestores vale. Se você disser: "Eu ganho 70 mil dólares" e esse valor for menor que o valor pago atualmente pela empresa aos outros funcionários, essa empresa provavelmente lhe oferecerá um pouco mais que 70 mil. Parabéns! Você ganhou um pequeno aumento! Mas pode se frustrar ao descobrir que seu empregador geralmente paga 90 mil a pessoas em cargos semelhantes.

Confidenciar o seu salário atual a futuros empregadores também solidifica as disparidades históricas de salário, especialmente para mulheres, negros, asiáticos e representantes de outras minorias, já que muitas empresas simplesmente usam o que você disse que ganhava como base para o novo salário. Por isso, peça o valor que você deseja, não o que ganha atualmente.

Para evitar essa armadilha, há duas coisas a fazer:

- Mantenha-se atualizado sobre os salários que o mercado paga para trabalhadores e gestores como você. Aceite o convite, mesmo que não queira o emprego. Pergunte aos seus amigos quanto eles ganham. Pesquise na internet. Tenha uma ideia de quanto poderia estar recebendo.

- Diga aos recrutadores, ou aos seus chefes, quanto você precisa ganhar. Não relacione esse valor ao seu salário atual. Sonhe alto!

O pior que pode acontecer é você receber um *não*.

Mas, mais importante que isso, não tenha medo de negociar; a remuneração é puramente uma questão profissional. Os momentos ideais para negociar ocorrem quando você está passando pelo recrutamento para uma vaga e durante uma avaliação de desempenho formal. É inteligente tentar obter de seu empregador o valor total do seu trabalho. Boas empresas não formarão uma opinião negativa sobre você por tentar maximizar o seu valor. (Se o fizerem, você não está trabalhando em uma boa empresa, por isso precisa atualizar seu perfil no LinkedIn e ir para outro lugar.)

Obviamente, há empecilhos.

Perceba que empresas diferentes pagam salários diferentes

A BBC paga salários muito menores que suas concorrentes porque é um lugar prestigiado para se trabalhar. A Bloomberg paga muito mais que suas rivais porque tem um modelo de negócio lucrativo (assinaturas custosas de terminais de computador especiais recheados de dados do mercado) que outras empresas não possuem. De forma semelhante, a Apple, a empresa de tecnologia mais influente do mundo, em geral paga um pouco menos que as outras simplesmente porque muitas pessoas querem trabalhar lá. (Em contrapartida, há empresas de tecnologia mais antigas e menos descoladas que oferecem excelente remuneração precisamente porque todo mundo quer trabalhar na Apple.)

Então, você nem sempre será capaz de exigir o seu valor. Ele pode mudar, a depender da empresa com que esteja lidando.

Dê início à negociação com um ano de antecedência

Uma vez no emprego, é importante demonstrar ao longo de todo um ano que o seu trabalho tem um valor superior. Não lide com a avaliação de remuneração sem se preparar, citando apenas realizações recentes. Pense no longo prazo.

Demonstre seu valor com dados

Monitore seus próprios dados. O que a sua empresa valoriza? Em mídia digital, os gestores normalmente analisam o número de leitores que cada autor ou editor atrai. Em vendas, você pode ser julgado pela receita total que gera, pelo número de unidades que vende — independentemente do preço —, pelo número de novos clientes que trouxe ou até por algo rotineiro, como o número de telefonemas que fez.

Seja qual for a métrica, monitore-a por conta própria; não dependa de seu chefe para fazer isso por você. Por "monitorar", quero dizer literalmente criar uma planilha em que você possa registrar essas informações todo dia, semana ou mês.

Isso será útil para garantir que seu sucesso aumente com o tempo e o ajudará a descobrir se está com um desempenho melhor ou pior que o dos seus colegas. Você se surpreenderá com quão poucas pessoas monitoram os próprios dados. E está tudo bem, mas você é seu melhor defensor. Então, monitore os próprios dados.

Esteja acima da média... e comprove isso com dados

Você se surpreenderia com as coisas que a gestão não percebe. Descubra quanto um membro da equipe obtém, em média, em termos de tráfego de usuários, assinaturas, vendas ou contratos. Com essa informação em mãos, certifique-se de que seus resultados fiquem acima da média dos seus colegas.

Demonstre seu crescimento

Sua empresa pode estabelecer objetivos para você, mas, no longo prazo, realmente não importa quais eles sejam. O mais importante é que o seu desempenho evolua de forma constante ao longo do tempo, porque as empresas geralmente investem no crescimento, não em você como indivíduo, tampouco em um objetivo específico. Use o processo de tubarões e zebras para melhorar suas estatísticas a cada mês. Esses ganhos se acumularão e farão com que você passe uma boa impressão ao final de um ano.

Ademais, como você está monitorando os próprios dados, será capaz de comprovar a evolução com um gráfico durante uma negociação de remuneração.

Tente descobrir o que seu chefe precisa entregar e entregue para ele

Seus objetivos devem se basear, sobretudo, nos objetivos do seu chefe. Então, descubra quais são eles e os entregue. Não é algo complicado. Ajudar seu chefe a passar uma boa impressão lhe garante que ele queira pagar para mantê-lo na empresa. Esse é um comportamento de nível quatro, que já foi apresentado anteriormente neste livro.

Assuma novas iniciativas

Tudo bem fazer apenas o básico do seu trabalho, mas é mais fácil negociar se você foi além do que sua posição demanda. Talvez você tenha liderado um novo projeto ou desenvolvido um novo produto. Tenha ambição. Bons gestores valorizam funcionários flexíveis que se sintam confortáveis com mudanças. Liderar algo novo é uma forma de mostrar isso.

Pouco drama, alta produtividade

Mencionei anteriormente que valorizo funcionários que não fazem muito drama e são altamente produtivos. Realizar um excelente trabalho com o mínimo de estardalhaço ou controvérsia tem um valor enorme. Apenas saber que não tenho de me preocupar com algo pelo qual você é responsável é muito positivo.

"Eu sempre aceitei apenas os aumentos que me foram oferecidos"

É um clichê dizer que as pessoas que admitem isso em geral acreditam que ganham menos porque não negociam duramente seus aumentos. Tão clichê quanto dizer que aquelas que negociam de forma agressiva acabam recebendo mais.

Nenhum dos casos é normalmente verdadeiro.

Embora eu acredite mesmo que você deva se informar sobre os salários pagos no mercado e se preparar para negociar, só dizer sim para os aumentos quando eles acontecem não é, na verdade, uma estratégia de carreira terrível. Os ganhos se acumulam com o tempo. Lembre-se: um aumento de 5% neste ano é também um aumento de 5% no próximo (sobre seu salário anterior). O ganho ocorre anualmente, não apenas uma vez.

Mais é mais. Reconheça isso.

Você está tomando todo o tempo e a atenção do chefe?

Agora, vamos falar sobre coisas ruins. Olhe para o seu chefe e conte quantas pessoas ele supervisiona. Em seguida, divida o número de horas de trabalho de uma semana pelo número de pessoas supervisionadas. Isso vai mostrar, em média, quanto tempo ele tem disponível por semana para lidar com você. Um gestor que supervisiona uma equipe de cinco pessoas só pode dedicar um quinto da sua atenção a você. Isso equivale a menos de duas horas por dia. (Um dia de oito horas dividido por cinco resulta em 1,6 hora.) Então, se você está tomando mais do tempo dele que isso, é melhor que seja por razões muito importantes, mas, se está ocupando excessivamente o tempo dele com problemas não produtivos... Boa sorte. Você será marcado como alguém que enche o saco.

A empresa pode simplesmente não ter a capacidade ou não querer pagar o que você deseja

Talvez você esteja pedindo demais. A empresa pode simplesmente não ter recursos para pagar. O modelo de negócios da companhia pode estar passando por alterações, fazendo com que seu trabalho tenha menos valor. Lembre-se: a empresa não tem nem sequer a obrigação de mantê-lo no emprego.

Tenha ciência do seu poder de barganha

Os trabalhadores só detêm um único meio de barganhar: mediante a ameaça implícita de pedir demissão. O seu poder de barganha é, portanto, um tanto frágil, a menos que você seja uma estrela de Hollywood ou um âncora famoso da TV, cujos rosto e carisma são essenciais para a empresa inteira.

Mesmo no caso de empregos extremamente pessoais, como em vendas, nos quais os relacionamentos são tudo, pouquíssimas empresas entram em colapso se um dos principais funcionários for embora. Sair não é exatamente uma grande ameaça. Então, você precisa de um argumento mais positivo. Use açúcar, não vinagre.

Avalie o grau de dificuldade que a empresa teria ao tentar substituí-lo

Se você controla um relacionamento-chave com um cliente significativo, detém importantes conexões com uma série de fontes valiosas ou apenas realizou com sucesso uma tarefa que anteriormente era sinônimo de fracasso e caos, pode ser uma pessoa difícil de substituir, o que melhora suas chances em uma negociação de remuneração. Os empregadores usualmente refletem acerca do quão complicado seria se você pedisse demissão. Se você é *a única pessoa* que pode fazer o seu trabalho, pode estar com as chances a seu favor; porém, se realiza um trabalho que centenas de outros empregados poderiam fazer, deve perceber que uma ameaça do tipo "eu me demito" não contará muito no seu caso.

Lembre-se: a vasta maioria das pessoas falsamente acredita que são difíceis de ser substituídas.

Pense se a empresa se beneficiaria com a sua saída

Poucas pessoas pensam sobre isso.

Mas, às vezes, a gestão vai achar ótimo se você for embora. A empresa economizará. Uma vaga será aberta para gente nova. Talvez o dinheiro possa ser mais bem aproveitado com outra pessoa. Ameaças veladas de demissão podem ser menos ameaçadoras do que você pensa. Além disso, você ficará marcado como alguém não comprometido.

Procure emprego em outra empresa

Às vezes, você pode acabar preso a uma rotina ou talvez sua empresa simplesmente subestime o que você faz, já que está no mesmo cargo há tanto tempo. Em geral, vale a pena ter uma variedade de experiências no currículo, e um novo emprego normalmente significa mais dinheiro. Afinal de contas, por qual outro motivo você o aceitaria?

Volte mais tarde

Se você saiu da empresa, mas manteve as portas abertas, há a possibilidade de, após um ano ou mais, a empresa desejar tê-lo de volta — e esse é um ótimo momento para pedir um salário maior. Boas empresas contratam ex-funcionários porque, embora possam custar mais, sua experiência os torna mais produtivos.

No setor de mídia, havia apenas uma empresa conhecida por não fazer isso: o serviço de notícias Bloomberg. Havia uma diretriz que deixava claro para os funcionários que, se eles saíssem, nunca mais voltariam. A Bloomberg geralmente paga salários melhores aos seus funcionários que as concorrentes, na esperança de gerar um nível de ansiedade financeira que coíba sua vontade de pedir demissão. É uma estratégia muito eficaz de retenção de pessoal. Se você já tentou contratar algum funcionário da Bloomberg, sabe como é difícil convencê-lo a sair de lá. Eles temem a impossibilidade de voltar após terem se demitido da empresa, e isso lhes parece um enorme risco pessoal e financeiro.

No entanto, isso também cria uma desvantagem curiosa para a Bloomberg, pois a isola do grande pool de talentos formado por ex-funcionários que agora possuem experiência em outros lugares. Essas pessoas, por definição, acabam trabalhando na concorrência.

Especialize-se em algo difícil

Funcionários com experiência em áreas muito específicas e raras podem exigir salários maiores, especialmente se possuem vários anos dessa experiência. Isso não é fácil de replicar.

Quando eu cobria o setor farmacêutico, na metade da década de 2000, era óbvio para mim que havia, em todo o planeta, apenas seis repórteres que mereciam ser lidos cobrindo esse setor. Eles podiam exigir ganhar o valor que quisessem. Você tem habilidades incomuns? Ou há vários outros gestores que podem fazer o que você faz?

Assuma a responsabilidade pelos seus fracassos

Eu não espero que meu pessoal seja bem-sucedido em tudo o que faz, o tempo todo; isso é impossível. Pessoas cometem erros. Do ponto de vista da gestão, é mais fácil organizar nosso trabalho se formos avisados com antecedência de que algo está dando errado. Se você tentou algo e simplesmente percebeu que não é muito bom naquilo, seja honesto, assuma. Bons gestores precisam de transparência. A habilidade de ser honesto — sem titubear — quando se faz algo errado é muito valiosa; acaba tornando a pessoa mais confiável.

Não seja um babaca

Você e seus colegas têm de trabalhar uns com os outros todo dia. Ser um imbecil contará pontos contra você.

Não seja ardiloso

Se os problemas no trabalho são sempre culpa de outra pessoa, se você perde as estribeiras toda vez que algo dá errado ou se apenas não consegue ver as coisas sob outras perspectivas (especialmente a do seu gestor), quem vai se prejudicar é você.

Nem todo ano é o seu melhor ano.

DICAS RÁPIDAS

- Pense em longo prazo.
- Tenha uma noção realista do seu valor de mercado.
- Vá além das suas responsabilidades básicas.
- Demonstre evolução com dados.
- Esteja acima da média.
- Faça algo difícil, repetidamente e por um longo tempo.
- Não faça drama.
- Quando falhar, assuma a responsabilidade.
- Pessoas bem-sucedidas têm o hábito de dizer sim quando recebem uma oferta de mais dinheiro.

20

ESTRELAS DO ROCK TÓXICAS E PATIFES: AS PESSOAS QUE VOCÊ NÃO DESEJA TER NA SUA EQUIPE

Houve apenas uma ocasião em toda a minha carreira em que ouvi falar de alguém que perdeu o emprego por ter sido irredutível ao se recusar a realizar uma tarefa para a qual tinha sido literalmente contratado. Quem me contou essa história foi minha amiga Theresa, que trabalhava em um serviço de notícias em Bruxelas até alguns anos atrás.

Era uma sexta-feira, e esse funcionário — que chamaremos de Mark — simplesmente se recusou, de forma categórica, a escrever uma reportagem. Mark e Theresa trabalhavam em uma equipe cujo trabalho era cobrir bancos de investimento internacionais em Londres, Paris e Frankfurt. A grande controvérsia surgida no dia do ocorrido era a notícia do suposto envolvimento do presidente russo Putin em um escândalo bancário na Europa. Putin, além de ser o líder autocrata de uma nação hostil aos seus vizinhos europeus e ao Ocidente, é também, pelo que dizem, o homem mais rico do mundo. Ele e seus aliados da oligarquia russa nos setores de petróleo, gás e manufatura exploram de maneira sistemática essas indústrias para ganho financeiro pessoal. A noção de que parte do dinheiro de Putin vinha sendo enviada para bancos europeus, cuja reputação deveria ser insuspeitíssima, era, portanto, irresistível.

Mark, que contava então seis meses de experiência, achou que a história não dava uma boa matéria, já que a família de Putin negava tudo. Theresa, com 15 anos de experiência, pensava o oposto: a notícia fora divulgada, era raro que a família Putin respondesse publicamente e todos na indústria falavam sobre a investigação.

Mark simplesmente *se recusou* a escrever a reportagem.

Depois de 90 minutos de discussão, ficou óbvio que Mark acreditava que a tarefa era opcional.

Sua recusa levou a um problema.

Não se tratava mais de um debate sobre uma matéria ser boa para ser publicada; agora, eles discutiam se ele, como funcionário, teria de seguir as instruções de Theresa. Infelizmente, seguir as instruções é uma questão existencial para uma pessoa no cargo de gestão. Seu emprego não é uma atividade em que *você pode escolher a própria aventura*; o trabalho precisa ser feito. Basicamente, isso significa fazer o que ordenam. Com isso, Theresa pediu para Mark pensar se queria voltar ou não para o trabalho na segunda-feira. Ele não voltou.

NÃO AMEACE DEMITIR AS PESSOAS

De modo geral, ameaçar demitir as pessoas se não fizerem o que você manda é uma péssima estratégia de gestão.

É outra daquelas fantasias da TV. O programa *O aprendiz*, com sua noção de que os trabalhadores devem ser demitidos semanalmente, causou muitos danos. Não é assim que a gestão funciona na vida real. Ao ameaçar demitir uma pessoa, você já perdeu o controle da situação e ela não tem mais salvação. E isso lança uma dúvida sobre você como gestor: como chegou ao ponto de achar que demitir alguém era a melhor solução?

Comandar pelo medo também conta pontos contra você ao longo do tempo. O medo não é produtivo como fator motivacional. As pessoas devem sentir entusiasmo pelo trabalho, e não ter medo dele.

A ALCOÓLATRA DA MESA AO LADO

Às vezes, contudo, você se depara com um colega que é tão recalcitrante ou incompetente que acaba forçando o problema. Certa vez, meu amigo Tony trabalhou em uma revista cuja editora-chefe achava que sua equipe deveria ser tratada como se fizesse parte de uma "família" corporativa. Ela queria que a empresa cuidasse das pessoas que trabalhavam lá e odiava especialmente demitir pessoas, por isso quase nunca o fazia. Por ser um mero jornalista, Tony gostava bastante disso. Saber que era muito improvável ser demitido o tranquilizava; era bom ter segurança no trabalho. Então, no início, Tony gostava dessa ideia de família corporativa e de sua benevolente matriarca.

O tempo passou.

Em uma tarde de sexta-feira, Tony e um editor sênior ficaram trabalhando até mais tarde, esforçando-se para liberar a prova (que, no jargão da área, significava aprovar as páginas livres de erro para serem enviadas à gráfica na mesma noite). Tony notara que Mandy, a mulher que trabalhava ao lado dele, havia sumido. Segundo o editor sênior, ela tinha saído para encontrar uma fonte.

Na semana seguinte, a mesma coisa aconteceu: a colega de Tony havia faltado de novo. Ele trabalhou duro para finalizar o trabalho na revista sem a ajuda dela.

Tony começou a perceber que Mandy se ausentava do escritório com frequência. Ela sempre precisava "se encontrar com uma fonte", mas os furos que trazia eram poucos e ela não vinha escrevendo muitos artigos.

"Você não entendeu. Ela não vai se encontrar com uma fonte", o editor sênior confidenciou a Tony. Ele levou o polegar aos lábios e jogou a cabeça para trás, imitando alguém bebendo de uma garrafa. "Ela está se encontrando com *a pinga*."

De repente, o comportamento de Mandy fez sentido. Ela não comparecia ao trabalho porque bebia o tempo todo. Tecnicamente, ela trabalhava um pouco. Escrevia algumas matérias. Fazia o mínimo possível. Manejava o trabalho de acordo com seus horários de bebedeira.

E aqui estava Tony, trabalhando como um idiota para que a revista saísse no prazo e fazendo hora extra para compensar as faltas de Mandy.

Esse tipo de injustiça é tóxico. As pessoas não são estúpidas; elas percebem instantaneamente quando algum de seus colegas está fazendo corpo mole, enquanto elas são obrigadas a fazer mais para compensar.

Em vez de ignorar o problema, a chefe de Mandy deveria ter solicitado gentilmente que ela buscasse ajuda ou tratamento. Ao não fazer isso, elas também perderam um possível final feliz, pois talvez Mandy pudesse voltar ao trabalho com a saúde restaurada. Mas elas simplesmente deixaram a situação se estender, o que foi ruim para todo mundo.

Como se pode ver, há um custo quando pessoas com mau desempenho não são dispensadas. De forma injusta, o trabalho extra acaba sendo jogado nas costas do restante da equipe, gerando ressentimento entre os colegas. E isso acaba com a moral.

DEMITIR AS PESSOAS É A PIOR PARTE DE SER UM GESTOR, MAS ÀS VEZES VOCÊ DEVE FAZÊ-LO

As pessoas têm muito medo de perder o emprego, por motivos óbvios, mas, às vezes, ser demitido pode ser uma coisa boa.

À primeira vista, a ideia de que ser demitido é algo positivo soa como o tipo de besteira absurda que somente o fã mais cego de Ayn Rand soltaria. Mas é verdade. Não há razão para permanecer em um emprego no qual seu desempenho é ruim. Por que você gostaria disso? Não há como construir uma carreira se persistir obstinadamente em uma ocupação na qual você, seus colegas e seu chefe sabem que você não está se saindo bem.

Eu fui demitido duas vezes na minha carreira. Em nenhuma delas parecia ser a melhor coisa que já havia acontecido comigo, como no clichê, mas ambas as demissões definitivamente me tiraram de situações em que eu não estava chegando a lugar algum e realizando muito pouco. Embora eu não vá agradecer às pessoas que me demitiram, certamente não lamento ter sido forçado a fazer algo novo.

Então, ainda que mandar alguém embora seja, no geral, uma péssima experiência para a pessoa, tenha em mente que ser demitido não significa algo para sempre. É temporário. É apenas o primeiro passo (forçado) para que as pessoas encontrem um novo emprego em que terão mais sucesso.

VOCÊ DEFINITIVAMENTE *NÃO DEVE* DEMITIR AS PESSOAS DE FORMA ALEATÓRIA E DESORDENADA

Como uma pessoa no cargo de gestão, você deve ter uma compreensão clara do motivo pelo qual precisa demitir alguém. Mandar alguém embora é uma questão séria, que impõe um custo financeiro e emocional elevado para o funcionário envolvido. Você precisa, portanto, saber o que está fazendo, por que está fazendo e certificar-se de que o motivo para fazer é correto.

Isso é crucial, porque, em geral, não é imediatamente óbvio que um de seus colegas precisa sair. É muito mais comum que você comece a notar um acúmulo de pequenas coisas ao longo do tempo: a pessoa começa a chegar atrasada com frequência, comete erros repetidamente, diz uma coisa e faz outra, outros funcionários a evitam ou reclamam dela etc.

Cada ocorrência dessas, individualmente, não significa grande coisa; todos nós nos atrasamos de vez em quando. Mas, então, essa pessoa começa a surgir no seu radar de forma negativa com cada vez mais frequência. A situação vai crescendo porque o desempenho desse funcionário está cada vez pior. Talvez, no entanto, ele ainda possa dar a volta por cima; pode ser que só esteja passando por um momento difícil. De todo modo, é certo que a decisão nunca parece inequívoca.

Mais uma vez, se o desempenho dessa pessoa fosse claramente horroroso, seria mais fácil decidir, mas você verá que funcionários extremamente ruins são a exceção, não a regra. Então, precisa lançar mão de uma lógica sólida para lidar com pessoas de baixo desempenho que, por um motivo ou outro, não estão fazendo um bom trabalho.

AQUI ESTÁ UMA LISTA DE VERIFICAÇÃO DE PROBLEMAS AOS QUAIS VOCÊ DEVE DAR ATENÇÃO

Se um funcionário se encaixa em um ou mais destes cenários, é provável que você precise pensar seriamente em demiti-lo.

- **A pessoa está empenhada na missão?** Em um nível fundamental, você precisa de pessoas que concordem com o que a empresa está fazendo e trabalhem para atingir o mesmo objetivo. Se algum funcionário se opõe aos objetivos da empresa, por que você está pagando a ele?
- **A pessoa vem gerando mais trabalho que soluções?** Uma boa maneira de determinar se alguém está literalmente gerando mais trabalho que criando soluções é começar a contar o tempo que você gasta em reuniões para discutir o desempenho dela. Seu tempo é precioso; ele deve ser investido nas atividades mais importantes e exitosas da empresa. Porém, se você está continuamente preso em reuniões com o RH para discutir a recuperação de um funcionário difícil, talvez ele esteja custando mais do que ajudando.
- **Pessoas que não apresentam um bom desempenho.** Pense novamente na história que contei sobre quando eu era motorista de caminhão, sempre danificando o veículo e chegando até a derramar toda a minha carga nas docas. Eu só conseguia me manter naquele emprego porque vários de meus colegas mais competentes limpavam a minha bagunça.

Você não deve ter uma pessoa assim em seu local de trabalho. Se um funcionário não pode executar as tarefas básicas do seu trabalho rotineiramente, não há motivo para que ele trabalhe para você.

- **Pessoas que fazem muito drama.** Quem mais cria drama no escritório? Às vezes, pessoas muito produtivas têm tanto entusiasmo pelo trabalho que gostam de falar bastante sobre ele, gerando discussões no escritório sobre o que está acontecendo. Isso é bom; é legal ter esse movimento na empresa. Mas, às vezes, haverá algum funcionário que parece estar sempre passando por uma controvérsia ou crise. Há quem adore ser o centro de um drama. Você também notará que, cada vez mais, as pessoas o arrastam para reuniões em que se discute o que fazer com o drama mais recente dessa pessoa. Este é outro sinal de alerta: quanto mais do seu tempo um único funcionário ocupa, mais você deve se perguntar se ele é um problema.
- **Patifes.** O ex-CEO do Google, Eric Schmidt, tinha o costume de demitir pessoas que vazassem informações, mentissem, trapaceassem ou roubassem. Ele dava a essa prática o nome de "manter uma baixa densidade de patifes". Patifes demais no escritório prejudicam o desempenho como um todo.
- **Estrelas do rock tóxicas.** Há um mito no meio empresarial que preconiza que você deve tolerar bons funcionários, mesmo se forem pessoas horríveis que se acham estrelas do rock, porque os resultados obtidos por eles são fantásticos. Errado. As pessoas passam mais tempo no trabalho que com a família e os amigos, então é fundamental que os empregados sejam cordiais uns com os outros, bons colegas, educados; esse tipo de coisa.

Sempre que você se deparar com um empregado tóxico que se acha estrela do rock, verifique o quão produtivo e bem-sucedido ele é. Se é bom no que faz, talvez valha a pena tolerar o drama envolvido ao mantê-lo, mas, em geral, o que se tem é simplesmente um caso em que mais drama equivale a mais problemas — e você vai estar em uma situação melhor sem ele.

Se alguma pessoa no trabalho o tira do sério, esteja certo de que faz a mesma coisa com seus colegas, e isso acabará afetando a moral do escritório. Não importa se essa pessoa é boa no que faz; mais cedo ou mais tarde, ela deixará todo o ambiente tóxico.

O que em geral acontece é que um funcionário estrela do rock realmente obtém ótimos resultados para a empresa. De modo gradual, porém, de alguma maneira, a estrela do rock decide que as regras não se aplicam a ela. Então, começa a ignorar reuniões porque acha que tem coisas melhores a fazer. Ela se atrasa para o trabalho. Recusa-se a envolver-se nas tarefas mais simples que todos devem fazer. Seus outros funcionários começam a perceber que existe uma regra para essa pessoa e outra para todo o restante.

Lentamente, a estrela do rock vai demonstrando à sua equipe que o local de trabalho é injusto. Na verdade, *você* está sendo injusto, porque deixa essa pessoa fazer o que quer, sem consequências. Você está escolhendo favoritos, está tolerando palhaçadas. A moral vai despencando. Mas ninguém quer dizer isso em voz alta porque a estrela do rock ainda está acima de todos no que diz respeito a resultados.

Agora, você está correndo o risco de perder a confiança da maior parte da sua equipe, que é quem faz grande parcela do trabalho.

É uma falsa economia manter a estrela de rock tóxica por causa dos seus resultados. O dano que ela causa é maior que o seu sucesso.

DICAS RÁPIDAS

- Demitir pessoas é a pior parte do trabalho, mas às vezes você deve fazê-lo.
- Manter um funcionário ruim no ambiente prejudica a moral do restante da equipe. Esse funcionário está ocupando um espaço que poderia ser usado por alguém incrível.
- Não trate a demissão de alguém de forma aleatória e desordenada.
- Se um funcionário apresenta um dos seguintes problemas, é melhor pensar em demiti-lo:
  - Não está empenhado na missão ou parece ressentir o trabalho na sua empresa.
  - Simplesmente se recusa a seguir instruções.
  - Gera mais trabalho que soluções.
  - Nunca gera bons resultados quanto ao trabalho que precisa ser feito.
  - Faz muito drama.
  - É uma estrela do rock tóxica.
  - Tem tendência a mentir, trapacear ou roubar.

21

COMO DEMITIR ALGUÉM SEM SER UM BABACA

Ok, então você tem um funcionário que não está apresentando um bom desempenho, que é disruptivo ou que não está fazendo o trabalho que deveria fazer. Agora, é hora de intervir.

Demitir alguém não deve ser algo repentino, não deve acontecer no calor do momento, em um arroubo de temperamento. Nós não estamos em um filme e você não quer criar um drama.

A legislação nos Estados Unidos é geralmente um tanto leniente: você pode demitir "à vontade", como preconiza a lei, por qualquer motivo, a qualquer momento, desde que não esteja discriminando a pessoa. Na prática, no entanto, os empregadores americanos não demitem ninguém aleatoriamente, à vontade, ou no calor do momento. Geralmente, ocorre um extenso processo deliberativo entre gestores antes de se demitir alguém.

No Reino Unido, há leis específicas que governam o processo de demissão de uma pessoa, as quais não reproduzirei aqui. O ponto principal é lembrar-se de que a legislação foi desenvolvida com base no conceito de *imparcialidade*. Você demonstra imparcialidade ao mostrar que houve um motivo plausível para demitir determinado funcionário e que ele foi tratado de forma justa na saída. Um motivo plausível pode ser, por exemplo, o funcionário não aparecer para trabalhar ou não conseguir realizar nem sequer as tarefas básicas. Demitir alguém deve ser o último passo de um processo justo e refletido. E, obviamente, você não deve demitir ninguém com base em qualquer tipo de discriminação ilegal motivada por raça, gênero, religião, deficiência, idade, sexualidade ou outras características previstas legalmente.

Quando se trata de demitir pessoas, as práticas nos Estados Unidos e no Reino Unido são semelhantes. O resultado desejado é que a demissão não seja uma surpresa para ninguém, inclusive para o funcionário a ser demitido.

Aqui está um bom modelo para ser usado, com base em procedimentos que presenciei em várias empresas distintas.

SEM SURPRESAS

Em primeiro lugar, avise o funcionário; peça a ele que participe de uma reunião sobre seu trabalho. Ao convidá-lo para a reunião, adote um tom neutro. Não diga: "Podemos discutir seu desempenho horroroso com a conta da Smith?". Isso vai soar como uma emboscada. Em vez disso, diga: "Podemos falar sobre a conta da Smith na terça-feira às 14h?".

Prepare-se para a reunião. Esboce uma lista em uma folha de papel com os pontos que você deseja discutir com o funcionário. (Você se surpreenderá com o que se esquece de dizer quando a reunião começa.)

Durante a reunião, comece perguntando ao funcionário o que ele acha que pode ter dado errado. É melhor ouvir o lado dele primeiro, assim você se certifica de que não há questões de que não se dera conta antes. Você não quer surpresas.

Depois disso, use a lista de questões que você preparou com antecedência:

- Você se atrasou para a reunião com o cliente Smith Co., e isso é inaceitável.
- Sua apresentação aos executivos da Smith continha erros de custo e de grafia.
- Você entrou em uma discussão política sem sentido com os executivos da Smith em um jantar depois do trabalho, afastando o cliente.
- Esse comportamento está aquém dos mínimos padrões aceitáveis na empresa. Se houver novos problemas com seu desempenho profissional, consideraremos sua demissão.

Se você acredita que o funcionário tem salvação, deve indicar a ele um conjunto de objetivos de recuperação a serem alcançados em determinado período, de modo que ele demonstre que é capaz de continuar trabalhando com você. Talvez você acredite que esse funcionário seja um diamante a ser lapidado e esteja apenas cometendo erros de principiante; talvez ele seja novo e inexperiente, e seus erros, inocentes. Essa é uma oportunidade para você, como gestor, usar a reunião de advertência para desafiar, incentivar e inspirar essa pessoa a melhorar. Você pode se surpreender: algumas pessoas não percebem que são capazes de melhorar até ouvir alguém dizendo isso na cara delas.

Em seguida, após a reunião, envie ao funcionário um e-mail com um resumo do que você acabou de falar. Mantenha o tom neutro e direto. Presuma o pior cenário: é possível que advogados trabalhistas hostis vejam esse e-mail. Então, ele deve ser uma boa evidência de sua decisão razoável, não um exemplo de sua tirania psicótica.

O funcionário foi advertido por escrito. Agora, é com ele. Ou ele se recompõe e salva o emprego, ou pode captar os sinais e sair.

Se, ao final do período, ele ainda não tiver melhorado, então provavelmente você deve demiti-lo.

DICAS RÁPIDAS

- Demitir alguém não deve surpreender ninguém, inclusive o funcionário a ser demitido.
- Se você optar pela demissão de alguém, a decisão deve ser justa e baseada em erros reais e demonstráveis do funcionário.
- Você deve demonstrar que sua decisão de demitir alguém foi justa e refletida. Para isso, é necessário ter um plano.
- Em primeiro lugar, entregue uma advertência por escrito à pessoa, descrevendo o que ela fez de errado e quais são as expectativas mínimas do trabalho. Conceda a ela um período para mudar a situação.
- Se o funcionário ainda não tiver melhorado dentro do prazo estabelecido por escrito, você provavelmente deve demiti-lo.

22

RESOLUÇÃO DE PROBLEMAS: COMO EVITAR UMA GUERRA CIVIL NO SEU ESCRITÓRIO

Há muito tempo, eu trabalhei em uma revista em que dois dos editores se odiavam. Não era muito claro por que eles não gostavam um do outro, mas havia sido sempre assim. A origem da animosidade se perdera nas brumas do tempo. As pessoas só sabiam que a guerra já durava anos.

Esse conflito chegou ao ápice quando a editora, a quem chamaremos de Andrea, bolou um plano para que seu rival Stephen fosse demitido. Ela tinha sido informada de uma fofoca quente sobre ele e a usou como arma. (Eu mudei os nomes e alguns detalhes da história por motivos que ficarão óbvios.)

O prédio onde todos nós trabalhávamos tinha um design antiquado. Muitos editores ficavam em escritórios fechados, como se saídos da série de TV *Mad Men*. O problema de um escritório fechado é que, assim que a porta é trancada, ninguém sabe o que você está fazendo lá dentro. É ótimo para quem está lá: finalmente um pouco de privacidade para trabalhar em paz! Mas todas as outras pessoas só podem supor o que diabos está acontecendo atrás daquela porta.

Então, Andrea bolou um plano.

Ela começou a trabalhar até mais tarde, ficando para trás depois que todas as outras pessoas já tinham ido para casa. Desenvolveu um relacionamento com a equipe de limpeza, esforçando-se para agradecer aos faxineiros por passar o aspirador no carpete e esvaziar as lixeiras. Às vezes, ela lhes dava pequenos presentes, como garrafas de vinho, flores e chocolates sofisticados que haviam sido enviados para a revista por clientes e fontes como forma de agradecimento. Não demorou muito para que Andrea e a equipe de limpeza começassem a se chamar pelo primeiro nome, a perguntar sobre a família uns dos outros e a fazer previsões sobre quem tinha mais chances de vencer a World Series de beisebol naquele ano: os Mets ou os Yankees.

Então, algumas semanas mais tarde, Andrea colocou seu plano em ação. Ao notar que Stephen já tinha ido embora certo dia, ela sinalizou para um de seus colegas da faxina. "Por favor, você pode me ajudar? É uma emergência", implorou. "Houve uma confusão. Stephen deixou a porta do escritório dele trancada e há um trabalho lá que preciso consultar. Tem de ser feito hoje à noite! Você pode me emprestar a chave?"

Andrea era uma funcionária antiga da empresa, uma das principais editoras da revista, portanto, é claro que o rapaz da limpeza lhe deu a chave. Então, ela se postou à frente do computador de Stephen, ligou-o e abriu o browser da internet. Verificou o histórico de navegação.

Surpresa. Stephen não vinha usando o computador para fins profissionais, para dizer de maneira educada. Andrea fez uma cópia da evidência que descobriu, saiu da sala de Stephen, trancou a porta e devolveu a chave, como se nada tivesse acontecido. Não sei exatamente o que Andrea encontrou no computador dele, mas não era algo bom. E não sei se Andrea o confrontou em particular ou se entregou a evidência aos chefes de uma vez.

Mas, como resultado, Stephen saiu da empresa um pouco depois.

O RANCOR PODE ENVENENAR EMPRESAS INTEIRAS

Essa definitivamente *não* é a forma de resolver problemas no local de trabalho. O erro aqui foi que os gestores de Andrea e Stephen deveriam ter interferido anos antes para redefinir o relacionamento e estabelecer parâmetros profissionais. Não é aceitável permitir que os funcionários incorram em espionagem de longo prazo uns contra os outros.

Em qualquer disputa que surja no local de trabalho, as pessoas vão discutir e haverá conflitos sobre como agir. Se medidas não forem tomadas, esses conflitos podem se tornar rancores corporativos destrutivos que tornam tóxico o ambiente de empresas inteiras.

O exemplo mais extremo de uma disputa de gestão que foi se deteriorando é provavelmente o da Enron, a empresa de fornecimento de energia localizada no Texas que chegou a ser considerada a empresa mais inovadora dos Estados Unidos. Em seu ápice, em 2000, o valor de mercado da Enron chegou a quase 70 bilhões de dólares. A empresa entrou em colapso em meio a um escândalo um ano depois.

Entre os muitos motivos pelos quais a Enron foi à falência, um deles envolveu gestores do nível sênior em meio a uma guerra civil interna uns com os outros, que enfraquecia os negócios de todos, dados o ambiente de desconfiança e a falsidade. (Há um ótimo livro sobre isso intitulado *The Smartest Guys in the Room* [Os caras mais inteligentes na sala], de Bethany McLean e Peter Elkind.)

Parte do colapso começou da maneira mais mesquinha: dois dos executivos mais seniores da Enron tiveram um caso amoroso e terminaram. A partir daí, eles adotaram estratégias corporativas mutuamente opostas, em diferentes setores da empresa. Esse não foi o único motivo do colapso da Enron, é claro, mas definitivamente não ajudou a empresa.

Meu ponto é que ignorar esses conflitos é uma péssima ideia. Se uma disputa ocorre no local de trabalho, você deve se empenhar para resolvê-la assim que possível. Não ignore um conflito na esperança de que ele desaparecerá sozinho. Não vai acontecer.

CONVIDE SEUS INIMIGOS PARA UM ALMOÇO

Sempre que tenho algum entrevero com um colega, sei que a melhor coisa a fazer é levar essa pessoa para almoçar e, com isso, amenizar a situação. Às vezes, você tem que almoçar com alguém que está brigando com você.

O almoço é uma ocasião interessante.

O ato de uma pessoa sentar-se diante de outra e compartilhar uma refeição, cada uma observando os modos à mesa do outro, tem o poder de remover barreiras entre indivíduos que verdadeiramente se consideram inimigos. Há algo libertador em sair do escritório e incluir uma boa refeição na lista de despesas. Na maioria das vezes, durante o almoço, quando os dois lados expressaram seus respectivos pontos de vista, o conflito repentinamente parece menos importante. E, como o almoço é uma conversa estendida, você acabará com uma ideia diferente da perspectiva da outra pessoa. Quem sabe, pode até ser você a parte equivocada! Depois de um café ou da sobremesa, chegar a um acordo parece razoável. Ninguém quer participar de uma guerra infinita.

O almoço em um restaurante também oferece um pouco de privacidade aos participantes; facilita a entrega de más notícias ou pelo menos empresta ao ato uma aura de dignidade, pois ocorre longe do alcance dos olhares do escritório.

Todos já vimos o que acontece quando um chefe chama um subalterno à sala de reuniões para "bater um papo". A longa caminhada pelas mesas até a sala. A porta fechada para dar privacidade. Talvez o som ocasional de vozes falando alto. E, finalmente, o ressurgimento de duas pessoas infelizes no local de trabalho.

Isso pode transformar um desacordo corriqueiro em um drama público desnecessariamente misterioso que o escritório inteiro testemunha. Por isso, o almoço é mais indicado que o bate-papo na sala de reuniões.

Portanto, eu digo: leve seus inimigos para almoçar e voltem a ser amigos.

DEIXE O RECUSADOR ARGUMENTAR DE FORMA PRIVADA

Quando há um membro da equipe que discorda de você, que se recusa a fazer o trabalho que precisa ser feito, a última coisa que você deve fazer é discutir com ele no meio do escritório, na frente de todo mundo. É tentador erguer a voz ou ficar irritado. Eu já sucumbi a isso; não acaba bem. Um local de trabalho em que as pessoas gritam e esperneiam o tempo todo fica bem na TV, mas, na vida real, é algo que você deve evitar.

Então, respire fundo e controle as suas emoções. Lembre-se: alguns funcionários cresceram no ambiente digital, em que a "trolagem" — irritar de forma deliberada o oponente com afirmações cada vez mais descabidas — é um comportamento tido como normal. Não caia nessa. (Você vai passar por muitos momentos como esse ao longo dos anos, então, de todo modo, a novidade dramática que eles encerram se desgasta muito rápido.)

Leve o recusador a uma sala privada para uma reunião e escute o lado dele. O conflito terá um vencedor e um perdedor, mas, no fim das contas, você precisa fazer com que o perdedor concorde em estar do seu lado, apesar do golpe no ego. Então, minimize esse golpe, entrando em desacordo com a pessoa somente em um espaço privado.

Um bom conselho aqui é administrar a situação fazendo perguntas. Não presuma que, por ser o chefe, você deve estar correto e a outra pessoa, errada. Seus subordinados são em maior número e conhecem coletivamente o trabalho mais a fundo que você. Há uma chance razoável de que eles saibam de algo que você não sabe.

Às vezes, faço anotações enquanto eles falam. Dessa maneira, eles podem ver que estou praticando escuta ativa. E, caso eu esteja lidando com alguém determinado a ser disruptivo, terei um registro da conversa.

Mantenha-se aberto à ideia de que aquela pessoa possa estar certa. Vale a pena descobrir se é o caso o mais cedo possível. Por esse exato motivo, você deve ouvi-la primeiro. É preciso ter certeza de que foram consideradas todas as questões em jogo. Você vai parecer um idiota se começar com um discurso sobre por que tal e tal coisa devem ser feitas imediatamente e depois descobrir, assim que seu colega começar a falar, que você cometeu um grande erro: essa pessoa está certa e você, errado.

Descobrir que você está errado e mudar o direcionamento da conversa rapidamente é uma habilidade necessária aos bons gestores. Deixe seu ego de lado. São apenas negócios.

VOCÊ DECIDE

Suponhamos que, após ouvir o que a pessoa tinha a dizer, vocês ainda não tenham chegado a um acordo. Sua instrução permanece e você quer que a pessoa prossiga com o trabalho que lhe foi solicitado.

O que dizer? Meu discurso para essas ocasiões é mais ou menos assim:

"Estou contente por termos conversado e por ter ouvido o que você tinha a dizer. Mas isto não é uma democracia. Não estamos na faculdade. Você não pode escolher as suas matérias. É meu trabalho decidir. Haverá dias em que você não vai gostar das minhas decisões e não tem problema. Não consigo nem desejo tomar apenas decisões com as quais você concorde. Não é razoável que todo mundo na empresa só faça o que bem entender. É necessário que todos estejam na mesma página. Então, você tem de aceitar a minha decisão agora que ela foi tomada."

Isso normalmente funciona.

CORTE O MAL PELA RAIZ

Os problemas não se resolvem sozinhos; eles normalmente permanecem e ficam piores. Os maus gestores ignoram o problema na esperança de que ele suma. Não. Não vai sumir.

Alguns anos atrás, um ex-colega me contou sobre uma empresa na qual havia trabalhado. Depois de um tempo, ele começou a notar que as pessoas vinham tirando licenças por motivo de doença com bastante frequência. A equipe passou a ficar sem gente suficiente regularmente. O que estava acontecendo?

O chefe puxou as solicitações de licença por doença de todos os funcionários dos últimos dois meses e as colocou em uma planilha. Ele transformou os dados em um gráfico de barras, divididos por dia da semana.

Em geral, você espera ver doenças distribuídas de forma aleatória ou relativamente nivelada ao longo da semana, mas não foi assim dessa vez. O número de licenças tiradas às segundas-feiras era equivalente ao triplo do número de licenças tiradas às sextas-feiras. Certamente, algumas pessoas vinham tirando licença por motivo de doença às segundas para terem um fim de semana de três dias. Pior ainda, os funcionários mais novos estavam seguindo o exemplo dos veteranos e começaram a achar que as segundas-feiras eram opcionais.

Então, o chefe enviou uma notificação a todos, lembrando que o RH registrava as ausências e havia detectado uma tendência de faltas às segundas-feiras, e que a empresa esperava mais de seus funcionários. Ninguém reclamou.

A segunda-feira deixou de ser um problema.

DICAS RÁPIDAS

- Corte o mal pela raiz: os problemas não vão sumir por conta própria. Você deve agir rapidamente para resolvê-los.
- Se não forem tratadas, disputas pessoais mesquinhas podem destruir uma empresa.
- Leve os conflitos para uma discussão privada. Ofereça feedback negativo privadamente. Não discuta em público. O conflito só terá um vencedor e um perdedor, e você deve se assegurar de que o perdedor concorde em estar do seu lado, apesar do golpe no ego. Minimize o golpe discordando do perdedor somente em um ambiente privado.
- É possível amenizar disputas pessoais levando um colega para almoçar.
- Administre a situação fazendo perguntas.
- Aceite que você pode estar errado e, se estiver, aja rapidamente para admitir isso. As pessoas respeitam aquelas que admitem seus erros e os corrigem sem titubear.
- Lembre-se de ouvir as pessoas quando elas discordam de você, mas, da mesma maneira, deixe claro que o seu trabalho envolve tomar as decisões, e não importa se elas gostam disso ou não.
- Tente monitorar os problemas persistentes com dados, para que você possa medir a sua gravidade.
- Não tenha escritórios antiquados de portas fechadas; eles fomentam o sigilo e o descuido. Mantenha tudo no estilo de espaços abertos e transparência.

23

AS ARTES OCULTAS: TRUQUES PARA LIDAR COM PESSOAS DIFÍCEIS

Há muito tempo, minha amiga Amelia me contou a história de um jornalista com quem ela trabalhava que aceitou um suborno. Amelia era sua editora em uma revista online de estilo de vida. Um dia, uma colega a abordou e perguntou: "Sua equipe agora faz avaliações de jaquetas de luxo?".

Amelia ficou perplexa. "É claro que não", disse. Seu pessoal escrevia matérias que abordavam carreira profissional e finanças pessoais. Eles nunca falavam sobre roupas.

"Bem, isso é estranho. Um dos seus funcionários publicou no site, um pouco antes da meia-noite, uma avaliação entusiasmada de uma jaqueta de camurça azul da Christian Lacroix", a colega contou.

Amelia verificou. Era verdade. Sem nenhum motivo, aquele repórter havia repentinamente se tornado um especialista em jaquetas na faixa de 500 dólares, no meio da noite.

"Ele falou comigo alguns dias atrás e perguntou se poderia avaliá-la. Eu respondi que *não*, porque parecia estranho", continuou a colega. "Então, quando vi a avaliação publicada, achei que você tivesse dito que *sim*."

Nada daquilo fazia sentido.

Amelia decidiu investigar o mistério do avaliador de jaquetas da meia-noite. Ao questionar o autor, descobriu que ele tinha um amigo na agência de RP que representava a marca de roupas. O acordo entre eles — inconfesso, mas óbvio — era de que ele poderia ficar com a jaqueta chique se escrevesse uma avaliação positiva para o designer.

Era basicamente um suborno.

Amelia ficou furiosa. Aquilo era uma clara violação ética. Ela decidiu obrigá-lo a devolver a jaqueta. "Tínhamos pisado na bola ao publicar aquele lixo de avaliação, mas eu não o deixaria lucrar com a situação e ganhar uma jaqueta chique", contou ela.

No dia seguinte, o jornalista disse a Amelia que a empresa não aceitara a jaqueta de volta porque ele já a havia usado por algumas semanas. "Talvez eu possa ficar com ela?", perguntou ele.

Ele estava tentando se safar daquilo.

"Não", insistiu Amelia. "Você vai trazer a jaqueta para o escritório e vamos doá-la para a caridade. Talvez a Cruz Vermelha a aceite."

Duas semanas de desculpas depois — o sujeito não tinha vergonha nenhuma e claramente esperava que Amelia esquecesse o assunto —, ele levou a jaqueta para o escritório.

Em seguida, Amelia começou a telefonar para várias instituições de caridade para perguntar se queriam ficar com a jaqueta. E ficou surpresa ao descobrir que a maioria não aceita roupas usadas; elas já estão inundadas desse tipo de item. Aquilo estava ficando ridículo. Ela não conseguia nem doar a jaqueta. Então, acabou levando-a consigo no horário de almoço. Caminhou pela Broadway e avistou um morador de rua pedindo esmolas na esquina, uma cena comum em Nova York. "Você gostaria de ganhar uma jaqueta? Ela vale cerca de 500 dólares. É nova", perguntou Amelia, na esperança de que ele pudesse vender a peça.

Ele aceitou, é claro.

Naquela semana, em algum lugar de Nova York, havia um morador de rua vestindo uma jaqueta incrivelmente cara.

"NUNCA INTERROMPA SEU INIMIGO QUANDO ELE ESTÁ COMETENDO UM ERRO"

Amelia deveria ter demitido o jornalista na hora, mas ele era um funcionário novo e, embora soasse implausível, alegara que só havia cometido um equívoco. A revista não demitia pessoas por se equivocarem, especialmente se era a primeira vez, e Amelia não conseguiu provar que ele agira com má intenção. Então, conformou-se em adverti-lo por escrito.

De qualquer forma, ela agora sabia que ele era um risco.

Infelizmente, também era um risco *bem-sucedido*. As matérias não relacionadas a jaquetas que ele escrevia faziam sucesso entre os leitores. Ele trazia muito tráfego para o site. Mandá-lo embora prejudicaria os resultados de Amelia. Ele era, no exato sentido do perfil, uma estrela do rock tóxica.

O tempo passou.

Um ou dois meses depois, o Cara do Suborno da Jaqueta pediu para falar em particular com Amelia na sala de reuniões, o que não era comum. Eles se sentaram e ele disse que tinha recebido uma oferta de emprego de outra empresa. O salário oferecido era melhor e ele estava inclinado a aceitar. Aquilo era um pedido de demissão, que deixou Amelia muito contente.

"Parabéns!", ela disse. "Parece uma ótima oportunidade!"

"Espere", respondeu ele. "Eu imaginei que você consideraria fazer uma contraoferta para eu ficar."

"Creio que não posso, infelizmente", continuou Amelia. "Ficaremos tristes por perdê-lo."

De repente, o jornalista pareceu preocupado. "Acontece que eu ainda não disse *sim* para a oferta..."

Amelia percebeu que o jornalista tinha cometido um erro grave: pediu demissão do emprego atual *antes* de ter fechado um acordo formal junto ao novo, esperando conseguir um salário maior.

Ela estava determinada a deixar que ele saísse. "Se eles vão pagar mais e você não quer realmente trabalhar aqui, entendo por que aceitou esse novo emprego. E aceito seu pedido de demissão." E saiu da sala.

O Cara do Suborno da Jaqueta estava indo embora.

Napoleão uma vez disse: "Nunca interrompa seu inimigo quando ele está cometendo um erro". É um dos meus conselhos favoritos. Você pode se beneficiar dele em quase qualquer situação.

ALGUNS TRUQUES PARA LIDAR COM PESSOAS DIFÍCEIS

Eu quero deixar bem claro sobre o que eu *não* estou falando. Há certo tipo de gestor para o qual uma boa gestão segue o modelo de Hollywood: há esquemas, conspirações e traições. Isso definitivamente não tem lugar em uma boa gestão. A boa gestão envolve comunicação clara, incentivo de talentos e organização sólida (99% do tempo). Eu NÃO o estou aconselhando, de maneira alguma, a administrar sua equipe como Maquiavel. Isso pode funcionar nos filmes, mas não na vida real.

No entanto, você terá de lidar frequentemente com pessoas difíceis: clientes, rivais, funcionários descontentes. De vez em quando, o mundo põe algumas pessoas muito idiotas no seu caminho. Então, vale a pena aprender algumas artes ocultas para lidar com elas.

Escute primeiro, aja depois

Escute mais do que fale. Isso pode ser difícil para um gestor, porque se espera que você dê ordens o tempo todo.

Quando ocorre algum tipo de conflito, o ideal é você não se intrometer de imediato com a sua opinião, mas ouvir todas as evidências disponíveis primeiro. Se a questão envolve alguém escorregadio, você definitivamente não deve fazer nenhuma suposição.

Isso passou pela minha mente quando soube da história do Cara do Suborno da Jaqueta. Ele cometeu o erro de achar que Amelia desejava mantê-lo, mas ela permaneceu calada até chegar o momento de dizer: "Vou notificar o RH e definiremos a data do seu último dia no escritório".

Não comece uma briga, a menos que saiba que vai vencê-la

O trabalho não é lugar para conflitos; não deve ser um campo de batalha. Ser uma fonte constante de drama é uma boa maneira de (cedo ou tarde) ser demitido. Você deve garantir que suas equipes estejam na mesma página, e isso pode ser alcançado por meio de boa comunicação: escute, responda às perguntas, aborde os problemas e seja muito claro em suas instruções.

Se alguém tentar envolvê-lo em um conflito, faça uma pausa antes de morder a isca. Pergunte-se: você quer se envolver na batalha? A desavença vale a pena? Quase sempre, a resposta é *não*.

Dito isso, desacordos acontecem e, às vezes, você precisará se envolver. Escolha as suas batalhas. Lembre-se de que não faz sentido causar atrito no trabalho, a menos que você tenha uma boa chance de levar a melhor. Não comece uma briga se não souber antecipadamente que irá vencê-la. (Em outras palavras, se você sabe que perderá a briga, por que se importar?)

Prepare-se para agir rapidamente

Conflitos depõem contra a sua credibilidade, porque, toda vez que você se envolve em um, seus colegas — ou seus chefes — perguntarão a si mesmos: "Por quanto tempo mais terei de lidar com isso?". Em contrapartida, se você raramente se envolve em conflitos, seus colegas ficarão mais interessados no que você tem a dizer — e talvez sejam mais influenciados pelo que você disser —, exatamente porque é um acontecimento tão incomum.

Tudo o que você tem a dizer pode ser usado contra você nas mídias sociais

Você deve se lembrar de quando o ator Tom Cruise perdeu a cabeça no set de filmagem de *Missão: Impossível 7*, no final de 2020. As filmagens ocorriam no meio da pandemia de covid-19. Uma regra no set exigia que todos usassem máscaras e mantivessem distância uns dos outros, para evitar infecções. Tom avistou alguns membros da equipe conversando casualmente, perto o suficiente para se infectarem. Ele explodiu e, de imediato, entrou no modo Chefão Ruim de Hollywood. Uma gravação da explosão vazou para os tabloides. "Se eu os vir fazendo isso de novo, vão pra rua!", ele gritou para a equipe. "Falo ao telefone com cada porra de estúdio toda noite, com seguradoras e produtoras, e todos estão nos observando e nos usando de exemplo para fazer seus filmes. Estamos garantindo milhares de empregos, seus filhos da puta! Eu não quero mais ver isso. Nunca!".

Por um dia ou dois, o mundo riu de Cruise perdendo a cabeça. Obviamente, a lição de gestão aqui é: não chame os integrantes da sua equipe, aos berros, de "filhos da puta". Eles não vão gostar e podem tornar isso público em um ato de vingança.

Do ponto de vista da gestão, no entanto, Cruise estava totalmente correto. Um caso de covid na equipe poderia ter fechado a produção toda, e bem provável que à custa de centenas de milhares ou talvez de milhões de dólares em tempo perdido e despesas adicionais. E, realmente, alguns meses depois, vários membros da equipe de *Missão: Impossível 7* ficaram doentes e a filmagem teve de ser suspensa por duas semanas.

Não importava se Cruise estava certo; ele usou uma linguagem ofensiva, e isso chamou a atenção do mundo todo. Se tivesse dito a mesma coisa, mas sem os palavrões, poucas pessoas teriam se importado e talvez até tivessem lhe dado mais razão.

As pessoas não traçam mais um limite entre as suas vidas privadas e as suas vidas públicas, online. Se você fizer algo estúpido ou ruim no trabalho, sempre haverá o risco de aquilo se transformar em um post, uma publicação no Facebook ou um vídeo no Instagram. As pessoas amam odiar chefes maldosos, e não precisa de muito para que um único momento ruim viralize.

Então, pense antes de falar. (E evite palavrões.)

Essa regra se aplica até a pequenas empresas

Uma das matérias mais lidas que publicamos na *Insider* falava sobre a badalada empresa de utensílios de cozinha Great Jones, fundada por Sierra Tishgart. Se você é o tipo de pessoa que gosta de deixar a sua cozinha linda no Instagram, a Great Jones era o lugar para você. Minha colega Anna Silman descreveu a empresa assim:

"A marca Great Jones projetava uma visão de aconchego e comunidade. Suas caçarolas de ferro coloridas e frigideiras de aço inoxidável haviam se tornado itens de desejo para a geração millennial nos últimos anos, e a própria Tishgart se transformou em uma influenciadora proeminente: casamento na *Vogue*, apartamento na *Domino*, regime de cuidados da pele na *Into the Gloss*. Conforme o mundo buscava aliviar a ansiedade da pandemia assando pães de massa *sourdough* e compartilhando fotos de café com espuma cremosa e de macarrão com cebolas caramelizadas, a imagem que Tishgart e a Great Jones vendiam parecia mais atrativa do que nunca."

Nos bastidores, porém, nem tudo ia bem, conforme reportou Silman. Tishgart tinha feito inimigos entre seus próprios funcionários em razão de uma série de ações impensadas. A Great Jones era uma dessas empresas cujos empregados saíam das reuniões aos prantos. Quando a mãe de uma das funcionárias faleceu, Tishgart enviou um e-mail à funcionária perguntando quando ela voltaria ao trabalho *no mesmo dia do funeral.*

Então, cinco funcionários da Great Jones e dois ex-funcionários escreveram uma carta de 4 mil palavras a um dos membros do conselho da empresa exigindo que Tishgart fosse removida da empresa. Não conseguimos identificar "nenhum caminho de sucesso com Sierra em um cargo de CEO, liderança ou gestão de pessoas", dizia. A carta foi vazada para Silman e, como dizem, viralizou. Por uma semana, parecia que todos no Twitter estavam falando sobre a Great Jones, seus problemas e a diferença entre sua imagem de sofisticação e a verdade sombria por trás dela. Até a venerável revista *New Yorker* entrou na polêmica: "A saga sugere que há um abismo entre a mensagem e a realidade de certo tipo de marcas online e reforça a facilidade com que os clientes aceitam as histórias que tais empresas vendem".

É importante lembrar que, naquela época, a empresa empregava apenas seis pessoas.

Seis!

Não importava que ela fosse minúscula. O nível do drama, não o tamanho da operação, foi o que captou a imaginação da internet.

Não poste nas redes sociais

Esse conselho se aplica triplamente se você trabalha em uma grande empresa. Há muito tempo, quando o Twitter era uma plataforma minúscula usada por um pequeno grupo de pessoas, um homem desembarcou de um avião em Memphis, no Tennessee, e postou um tuíte: "Confissão verdadeira: estou em uma dessas cidades onde coço a cabeça e digo 'Eu morreria se tivesse que morar aqui!'".

O problema é que Memphis é o hub global de serviços aéreos da FedEx, a empresa internacional de remessas, e o homem que desembarcou do avião era um executivo de relações públicas que faria uma apresentação para executivos da FedEx naquele dia. A FedEx era um de seus maiores clientes.

O pessoal da FedEx viu o tuíte e não gostou. Vários funcionários da empresa mandaram e-mails para a gestão, expressando sua raiva. "Eu e muitos dos meus colegas consideramos o tuíte inapropriado. Não sabemos quantos milhões de dólares a FedEx Corporation paga para a [sua agência de RP] anualmente pelo trabalho valioso e importante que ela realiza por nós em todo o mundo. Acreditamos, no entanto, ser um valor razoável para que recebamos um nível mais elevado de respeito e reconhecimento de alguém em sua posição de vice-presidente de uma das principais empresas globais em seu setor."

O tuíte viralizou, virando manchete no mundo todo. Foi um dos primeiros e mais infames "tuítes impensados", como as pessoas costumavam chamá-los. Os funcionários da FedEx observaram de forma astuta em sua carta de reclamação: "Um risco intrínseco das redes sociais é que as pessoas podem ler o que você escreve".

Eis um conselho valioso. *As pessoas podem ler o que você escreve*. Não importa que você tenha pensado que apenas uns poucos amigos seus leriam. Se você escreveu, a internet pode usar aquilo contra você.

A internet é um lugar maldoso. Há inúmeros usuários que agem de má-fé e se esbaldam cinicamente com os erros das pessoas que só estão tentando fazer seu trabalho sem enlouquecer. O Homem de Memphis não queria irritar uma cidade inteira, muito menos seu principal empregador. Ele provavelmente enfrentara um voo longo, estava cansado e de mau humor. Precisava tomar um bom banho e dormir um pouco, mas tinha uma apresentação para um cliente a ser concluída. Ele achou que apenas os seus amigos leriam o tuíte.

Como gestor, suas ações e decisões passarão por um escrutínio maior que as de outras pessoas. Tudo o que você disser, fizer e escrever agora é público. Você não tem privacidade no trabalho.

Você também poderá notar que, quanto mais sênior se torna um executivo, mais raramente ele publica algo nas mídias sociais. O volume de atividades de uma pessoa nas mídias sociais, em geral, existe em proporção inversa ao seu status no trabalho. Agora que você está em uma posição de gestão, deve considerar seriamente diminuir suas atividades nas mídias sociais.

COMO LIDAR COM ADVOGADOS

Se você está na gestão, cedo ou tarde vai lidar com o departamento jurídico da empresa.

O contexto aqui: os advogados da sua empresa são como os seus outros colegas, ou seja, boas pessoas tentando fazer o seu melhor. São indivíduos talentosos. Passaram pela faculdade de Direito, que não é fácil, afinal de contas! Você deve respeitar os seus sábios conselhos. Não tenho como negar: 99% dos advogados com os quais lidei na minha carreira eram profissionais excepcionais. Eles me salvaram de muitos erros; devo isso a eles. É importante ter esses caras ao seu lado. Você quer que eles se certifiquem de que tudo o que você fizer seja estritamente legal e que eles ameacem os seus inimigos horríveis e antiéticos por causa de seus atos maléficos e ilegais, que são contínuos e abundantes!

Esta, contudo, é a questão com os advogados: eles vão ficar no seu caminho. Chegará o dia em que você estará sentado em uma sala de reuniões com um monte deles. Você quer fazer algo que é obviamente de bom senso, e eles lhe dirão por que o bom senso não pode acontecer.

Por que esses advogados ficam atormentando?

Eles tendem a trabalhar com um único princípio geral em vista: redução de riscos. Isso está inserido em seu código genético; eles não conseguem fazer diferente. Reduzir os riscos — e, portanto, as despesas — para a sua empresa é o que eles fazem. Em nove de cada dez vezes, é exatamente disso que você precisa.

O problema da redução de riscos é que há uma única alternativa segura para se eliminar o risco completamente: não fazer nada. E, se a sua empresa nunca faz nada, irá à falência rapidamente.

Mas há um contraponto à redução de riscos, que é defender o trabalho. Se você está em uma posição em que pode escolher seus advogados, recomendo fortemente os informar de que a sua missão deve ser *defender o trabalho*. Tenha ao seu lado advogados que o ajudem a realizar o seu trabalho, não a evitar que as coisas sejam feitas.

Aprenda as noções básicas da legislação

Muitos gestores consideram as leis um objeto de mistério inacessível para eles, por isso agem com total obediência aos advogados o tempo todo; em suma, apenas fazem o que seus advogados mandam. A consequência lógica disso é que a empresa acaba sendo administrada pelo departamento jurídico, o que invalida completamente o ponto de se ter uma gestão. É óbvio que isso é problemático.

Você não pode abdicar de seu julgamento e terceirizá-lo aos seus advogados, especialmente se o desejo deles de reduzir os riscos significar, no final das contas, que sua empresa deixará de atuar no negócio em que atua.

Então, você também deve se educar sobre as principais leis e decisões que regulam o seu setor. Você não deve se enganar, achando que acabará sabendo mais que os seus advogados. Isso seria ridículo. Mas precisa saber quais perguntas fazer e conhecer as estratégias legais necessárias para que seu trabalho seja realizado.

Descubra do que os gestores acima de você se esquecerão

Se você trabalha em um ambiente agitado e de ritmo rápido, sabe como é receber várias demandas ao mesmo tempo; pode ser impossível concluir todas as tarefas que seus chefes exigem. Você também pode ter experimentado um dos aspectos mais irritantes da vida profissional moderna: pedirem a você que faça algo e, assim que você o faz, perceber que seu chefe esqueceu que queria que aquilo fosse feito.

Isso acontece com todo mundo. E vai acontecer com você.

Como gestor, você passará pela experiência de ver um subalterno reportar com alegria que o projeto que você solicitou está concluído... e você não ter a menor ideia de a qual projeto ele está se referindo. A saída para essa situação é simplesmente dizer "obrigado" — a palavra mais útil do léxico da gestão. Mas, também, faça uma anotação mental do tipo de tarefa de que seus gestores se esquecem. Seu trabalho é priorizar as tarefas da sua equipe, concentrando-se nas mais produtivas e eliminando aquelas que atrasam a empresa toda, especialmente se os seus chefes têm memória curta.

EXERCITE SEU PODER EM SILÊNCIO

Dois anos após a saída do Cara do Suborno da Jaqueta, Amelia recebeu um e-mail dele solicitando uma conversa sobre uma possível volta à empresa, agora que ele tinha mais experiência. Claramente, ele tinha aprendido que a grama não era mais verde na outra empresa e estava planejando um retorno. Amelia excluiu o e-mail sem responder.

Você não precisa fazer um escândalo se pode eliminar um problema sem ser detectado!

DICAS RÁPIDAS

- Nunca interrompa seu inimigo enquanto ele estiver cometendo um erro.
- Escute primeiro, aja depois. Quando houver algum conflito, não se envolva imediatamente com sua opinião. Ouça as evidências disponíveis primeiro.
- Mantenha-se sereno. Evite entrar em conflitos e o faça o mais raramente possível. Escolha suas batalhas.
- Não há sentido em causar atrito no trabalho, a menos que haja uma boa chance de que seu lado levará a melhor.
- Tudo o que você disser ou escrever poderá ser usado contra você nas mídias sociais. Então, pense antes de falar ou escrever.
- Não é preciso muito para algo viralizar, e pelos piores motivos.
- Não poste nas redes sociais.
- Empresas pequenas não são imunes ao escrutínio público simplesmente por causa do seu tamanho.
- Peça para os seus advogados defenderem o trabalho que você faz. Eduque-se sobre as principais leis e decisões que regulam o seu setor para que possa extrair deles as melhores soluções — e para que eles acabem não se tornando seus chefes.
- Priorize o trabalho da sua equipe de forma mais eficiente descobrindo o que os outros gestores se esquecem de ter pedido.
- Se você puder consertar um problema sem ninguém notar, faça isso.

PARTE IV
Decisões

24

O PIOR EMPREGO QUE JÁ TIVE ME ENSINOU AS TRÊS COISAS MAIS IMPORTANTES QUE HÁ PARA SABER SOBRE GESTÃO

O primeiro emprego que já tive também foi o pior. Meu chefe, Bob (não é o seu nome verdadeiro), era proprietário da fábrica de caixas de papelão na qual eu trabalhava como empacotador e motorista.

Bob me ensinou muito sobre o que é uma gestão realmente horrorosa.

A fábrica estava localizada em um parque industrial absolutamente depressivo na região de Lake District, no Norte da Inglaterra. A estrada até a fábrica não era asfaltada. O estacionamento era pura lama e poças d'água. Você tinha de estacionar o veículo na poça mais rasa que pudesse encontrar.

O depósito principal era um barracão de concreto barato e telhas de zinco. Do lado de dentro, um labirinto de papelão aplainado, empilhado em torres da altura de dois andares, sobre paletes de madeira. Movíamos essas torres de papelão pelo depósito com uma empilhadeira velha.

Não havia aquecimento, a iluminação era ruim e o local era parcialmente vulnerável ao clima. O clima do lado de fora era o mesmo do lado de dentro, especialmente no inverno. Estávamos no Norte da Inglaterra, então tínhamos de usar casacos, luvas e botas para nos mantermos aquecidos. (Logo aprendi que o papelão precisa ser armazenado *seco*, mas não precisa ficar *aquecido*.)

Caminhões que transportavam resíduos das fábricas próximas despejavam a carga na doca do nosso depósito. Em seguida, seis de nós revirávamos as pilhas com as próprias mãos para recuperar qualquer caixa descartada que estivesse em condição de ser aplainada e utilizada novamente. A empresa, cujo nome não revelarei porque, surpreendentemente, ainda está ativa, vendia as caixas recicladas para as mesmas empresas que haviam nos pagado para recolhê-las.

Eu passava meu tempo dobrando papelão, arrumando papelão em paletes e amarrando esses paletes de papelão com tiras de plástico rígido, de modo que pudesse ser usado novamente, como se fosse novo em folha.

Havia dias em que movíamos montanhas — literalmente, montanhas de papelão descartado — para que pudéssemos receber mais cargas que o esperado. Desse modo, removíamos gargalos que poderiam impedir inúmeras outras empresas de enviar pacotes por aquela região do país.

Quando eu chegava em casa, estava coberto por uma camada espessa de pó de papelão. Aquilo entrava em tudo: meus cabelos, minhas sobrancelhas, minha boca. Quando assoava o nariz, a coriza era da cor marrom de papelão. Minhas roupas ficavam marrons. As fronhas dos meus travesseiros ficavam marrons. As condições eram insalubres, assim como o salário.

Eu recebia 3 libras esterlinas por hora (algo em torno de 18 reais na cotação atual). Alguns dos meus colegas já tinham sido presidiários. As pessoas trabalhavam para o Bob porque estavam desesperadas e não tinham alternativa. Ninguém estava na fábrica de caixas por escolha própria. Só precisávamos do dinheiro.

QUANDO RUIM É A MÉDIA

Bob era também o único executivo da fábrica. Os empregados usavam jeans, botas e macacão, mas Bob vestia paletó de *tweed*, pulôver vermelho de gola v e calças de veludo cotelê antiquadas. Às vezes, ele fumava um cachimbo. Enquanto trabalhávamos no depósito, Bob ficava em seu escritório, dando telefonemas e administrando as contas.

Seu estilo de administração era desinteressado e frio. Ele não conseguia compreender por que tão poucas pessoas queriam trabalhar para ele ou por que os funcionários deixavam a empresa com tanta frequência. E não se importava em descobrir.

Você pode pensar que Bob era ruim de um jeito único, mas, de muitas maneiras, ele era meramente como a média. Vários gestores administram seus negócios como ele: apenas fazem o trabalho, sem lhe dar muita atenção. Desde que as ordens do dia sejam cumpridas, o trabalho está feito. Essa situação também não era totalmente culpa de Bob. Ele herdara a fábrica do pai, era o mundo dele. A fábrica sempre esteve lá e sempre estaria. E, para ser justo com Bob, a fábrica realmente seguiu em funcionamento, dia após dia, ano após ano.

Sob nenhuma outra luz, porém, a vida na fábrica poderia ser considerada boa; cada dia era igual ao anterior. Nós, os trabalhadores, chegávamos ao trabalho, empilhávamos caixas até 17h e íamos embora. Nunca assumíamos projetos diferentes, desenvolvíamos novas linhas de negócio ou fazíamos algo especial.

Isso acontecia porque Bob não tinha nenhum plano. Ele não traçava cenários para a possível situação da fábrica em um mês, um trimestre ou um ano. Em nenhum momento éramos informados da sua visão. Não sabíamos nem sequer quais eram os nossos concorrentes. As outras empresas na área ofereciam caixas de qualidade superior? Eram mais baratas? Entregavam com mais rapidez? Bob nunca falava sobre elas, e nós nunca as conhecemos. A fábrica apenas seguia, flutuando isolada em um mar vazio onde nada mudava.

E, claro, Bob nunca dizia "obrigado". Essa foi a minha primeira lição na fábrica de caixas.

Eu entendia por que a fábrica de caixas existia: as pessoas precisam de caixas. Mas, na realidade, a fábrica era um ardil. As empresas pagavam para que Bob levasse os seus resíduos embora e então pagavam novamente para que ele enviasse caixas novas de volta para elas. Bob ganhava duas vezes por uma única tarefa!

E, mesmo assim, a fábrica de caixas não era muito rentável. Descobri que a empresa dava lucro, mas pouco. No tempo em que eu estive lá, ela teve um faturamento total de 23 mil libras esterlinas (cerca de 143 mil reais). Era um péssimo negócio, que apenas se mantinha. Apesar disso, com um pouco de imaginação e boa gestão, poderia ter sido bem diferente.

BOB DORMIU NO PONTO DURANTE A CORRIDA DO OURO DA DÉCADA DE 1990

Todos conhecemos as histórias de pessoas que supostamente ficaram ricas vendendo picaretas durante a Corrida do Ouro, em vez de saírem em busca de ouro por conta própria.

Houve um homem que de fato fez isso. Samuel Brannan nasceu em 1819, faleceu em 1889 e realmente vendia bateias, picaretas e pás a potenciais mineiros em San Francisco. Ele adquiria as bateias por 20 centavos cada e as vendia por 15 dólares. Ele foi o primeiro milionário da Corrida do Ouro; ficou rico *antes* das pessoas que tentavam encontrar ouro.

Cem anos mais tarde, na empresa de Bob, tínhamos caixas.

Era o início da década de 1990, e a internet estava em seus primórdios. Era possível imaginar na época que, à medida que nossas vidas se tornassem cada vez mais digitais, as caixas de papelão desapareceriam, tornando-se itens do passado, como o papel-carbono e as máquinas de escrever.

Na verdade, o oposto aconteceu.

Como todos sabemos, a Amazon e um milhão de outras plataformas digitais transformaram a maneira como fazemos compras. Muito do que adquirimos hoje em dia pela internet é entregue pelo correio. Na década de 1990, o setor de embalagens estava prestes a se tornar muito importante. As caixas de papelão logo entrariam em um período de crescimento tão prodigioso quanto o da própria internet.

Na minha velha fábrica, nossas caixas eram o produto mais prosaico que se possa imaginar: um fundo, quatro lados e uma tampa. Mas a internet mudou totalmente o que as pessoas esperam de uma humilde caixa. Se você avaliar as caixas que a Amazon utiliza para embalar os seus pedidos hoje em dia, verá uma impressionante série de inovações. Algumas possuem um zíper de papelão integrado que, quando acionado, abre a caixa com eficiência. Outras são seladas em formato plano, de tal maneira que se tornam quase impossíveis de dobrar. As caixas são de inúmeros modelos, porque a Amazon vende inúmeros produtos.

Na década de 1990, o Bob da Fábrica de Caixas poderia ter vislumbrado quais seriam as necessidades, em termos de caixas de papelão, das empresas que começavam a vender pela internet e oferecer isso a elas. Entre os clientes de Bob naquela época, estavam a farmacêutica Johnson & Johnson e a conhecida fabricante de doces para turistas e aventureiros Kendal Mint Cake. Ele já tinha os clientes.

Uma enorme fortuna em potencial o esperava.

A indústria de caixas de papelão como um todo dobrou de tamanho desde o surgimento da internet. Atualmente, essa indústria fatura cerca de 775 bilhões de dólares em receitas anuais no mundo inteiro. A International Paper provavelmente vende mais caixas que qualquer outra empresa no planeta, faturando 23 bilhões de dólares em receitas anuais, e essa é apenas uma fração do mercado total. A Amcor, outra grande fornecedora, registra 13 bilhões de dólares por ano em vendas.

No mundo nada sexy das caixas de papelão, a Corrida do Ouro já dura mais de vinte anos. Há dezenas de empresas que faturam centenas de milhões todos os anos e todas fazem a mesma coisa que a minha velha fábrica de caixas fazia. É um mercado imenso, e há espaço para mais concorrência.

Minha velha fábricas de caixas continua ativa, embora apenas tecnicamente. Pesquisei suas contas na Companies House, a agência governamental do Reino Unido que monitora a contabilidade das empresas. No ano fiscal mais recente disponível, ela registrou apenas 20 mil libras esterlinas em caixa (cerca de 124 mil reais), menos até que na época em que saí, na década de 1990.

A revolução das caixas passou direto por ela.

PRINCÍPIOS, ESTRATÉGIAS, TÁTICAS

Bob fracassou como gestor em três aspectos importantes: ele não possuía princípios, estratégias ou táticas. Como gestor, você deve desenvolver competências nestas três grandes áreas da tomada de decisão:

- **Princípios:** a fábrica de caixas não tinha uma visão para a sua existência (além de apenas vender caixas) que formasse uma base para todas as outras decisões.
- **Estratégias:** Bob não tinha interesse nem mesmo na estratégia mais simples para aumentar o pouco que tinha. Ele nem sequer tinha um representante de vendas.
- **Táticas:** a tática de Bob de pagar o salário mais baixo possível fazia com que seus funcionários logo ficassem exaustos e ressentidos.

Esses três conceitos — princípios, estratégias e táticas — são a base fundamental da tomada de decisões de um gestor.

Você precisa entender a diferença entre eles e por que são importantes. Então, nos próximos três capítulos, vamos explorá-los, um de cada vez.

DICAS RÁPIDAS

- Seus piores chefes lhe ensinam uma lição valiosa: não ser como eles. Aprenda-a.
- É comum que os chefes nunca agradeçam o trabalho que seus funcionários fizeram. Não faça isso. Agradeça por tudo.
- Se os seus funcionários só continuam no trabalho porque precisam do dinheiro, você provavelmente é um mau gestor.
- As empresas podem vagar a esmo por anos, mantendo-se estagnadas. Isso pode ser solucionado com planejamento.
- Uma boa gestão exige que você desenvolva habilidades nas três grandes áreas da tomada de decisões: princípios, estratégias e táticas.
    - Os princípios tratam da base fundamental da empresa e sua diferença em relação às concorrentes. Você enfrentará poucas decisões de princípio, mas, quando elas surgirem, serão muitíssimo importantes.
    - As estratégias são as decisões que podem decidir o futuro financeiro da sua empresa. Decisões estratégicas são mais comuns que decisões de princípio, mas normalmente não são tomadas no dia a dia ou mesmo toda semana.
    - As táticas envolvem o que acontece diariamente na gestão. São decisões menores que você toma a cada hora ou dia para manter a empresa funcionando.

25

PRINCÍPIO: A APPLE ENFRENTA O FBI PARA PROTEGER A PRIVACIDADE DE TERRORISTAS

Boas empresas, com ótima liderança, não existem apenas para fazer dinheiro; elas possuem um sistema de crenças central que motiva o seu pessoal. Você precisa de uma razão sólida que motive seus funcionários a continuar vindo ao trabalho todos os dias, e isso não pode se restringir somente ao dinheiro.

Você precisa de uma missão. Ética. Uma diferença que quer fazer. Um chamado superior. Uma visão do futuro. Um produto que é comprovadamente melhor que o do concorrente. Seu trabalho deve parecer um grande experimento, uma aventura no imenso oceano do comércio.

Não há nada de errado em fazer dinheiro, claro, mas, quando você se torna um gestor, logo descobre que isso não é suficiente. Você não consegue motivar as pessoas apenas com dinheiro; é muito limitado e cínico. Se o seu pessoal achar que o único motivo da sua existência é embolsar dinheiro, você não conseguirá fazer com que deem seu melhor. Se não tiver esse sistema central de princípios em vigor, você está apenas embalando caixas de papelão em um depósito exposto às intempéries climáticas.

A questão mais importante é: por que a sua empresa existe? É uma pergunta que muita gente lhe fará como gestor: seus clientes, seus concorrentes e, às vezes, a mídia. Então, é melhor ter uma boa resposta.

Você precisa de princípios.

Os princípios se referem à filosofia central da empresa, à sua cultura e ao motivo de ela ser diferente das concorrentes. As decisões de princípios são raras, mas, quando são tomadas, impulsionam — ou ameaçam — a base fundamental da existência da empresa.

Vejamos alguns exemplos desses princípios na prática.

APPLE VERSUS FBI

Uma boa empresa vai à guerra por seus princípios. Um ótimo exemplo disso ocorreu quando a Apple decidiu não ajudar o FBI a combater o terrorismo.

Em dezembro de 2019, Mohammed Saeed Alshamrani atirou e matou três pessoas em uma base da Marinha dos Estados Unidos em Pensacola, na Flórida. Alshamrani, que treinava na base como segundo-tenente da Real Força Aérea da Arábia Saudita, foi morto pelos policiais chamados para lidar com o incidente.

Ao longo da investigação, o FBI queria saber se Alshamrani era um atirador solitário ou um terrorista ligado a alguma rede internacional mais ampla. O FBI descobriu que Alshamrani tinha dois iPhones, mas os agentes não conseguiam desbloqueá-los.

O problema, como todos os usuários de iPhone sabem, é que o aparelho é criptografado. A menos que você tenha uma chave de criptografia (ativada pela senha na tela), é impossível abrir o iPhone de uma pessoa ou acessar quaisquer aplicativos, fotos ou mensagens armazenados nele. Nem mesmo a Apple consegue desbloquear o seu iPhone se não tiver a senha. Não há porta dos fundos em um iPhone. Uma vez bloqueado com uma senha, não tem jeito.

Tentar desbloquear os aparelhos seria arriscado para o FBI: se uma senha incorreta for inserida dez vezes em um iPhone, todo o seu conteúdo é apagado automaticamente. Então, o FBI pediu à Apple que desbloqueasse os telefones. Havia até um mandado de busca já expedido.

A Apple disse *não*.

O caso se tornou ainda mais dramático algumas semanas depois, quando um braço da Al-Qaeda assumiu a responsabilidade pelo ataque de Alshamrani. Agora, tratava-se de um caso claro de terrorismo e o FBI precisava da ajuda da Apple para elucidá-lo.

Mais uma vez, a Apple disse *não*.

Segundo a empresa, sua política era proteger *totalmente* os dados dos clientes, e isso significava não criar uma porta dos fundos em seus próprios dispositivos, mesmo em um caso dessa importância.

A Apple assumiu essa posição repetidamente. Houve um caso mais extremo, em 2015: dois homens mataram 14 pessoas e feriram 22 em um tiroteio em massa em San Bernardino, na Califórnia, e deixaram um par de iPhones para trás. Um deles era impossível de acessar. O FBI pediu à Apple que criasse um software especial para desbloqueá-lo.

A Apple se recusou a ajudar o FBI nessa ocasião também. Havia um princípio importante em jogo, disse a empresa: "Em mãos erradas, esse software — que atualmente não existe — teria o potencial de desbloquear qualquer iPhone que acabasse nas mãos de alguém. O FBI pode usar palavras diferentes para descrever essa ferramenta, mas não se enganem: uma versão do iOS que burlasse a segurança dessa forma indubitavelmente criaria uma porta dos fundos. E, embora o governo possa argumentar que seu uso seria limitado a esse caso, não há como garantir esse tipo de controle".

O ponto da Apple era: se ela criasse uma ferramenta de desbloqueio para o FBI, estaria involuntariamente criando a mesma ferramenta para os russos, os chineses ou a máfia, já que ferramentas de software são facilmente copiadas, invadidas, roubadas ou alvo de engenharia reversa.

UM DESASTRE DE RP QUE FUNCIONOU MUITO BEM

Foi uma atitude extraordinária e um desastre de RP para a empresa. A Apple apanhou muito da imprensa. Afinal, uma das maiores e mais adoradas empresas dos Estados Unidos havia se recusado a cooperar com o FBI na investigação de um ato de terrorismo. Não se tratava de um debate teórico sobre privacidade versus segurança. Pessoas morreram. Alshamrani morreu também, o que significava que ele não tinha uma privacidade a ser protegida. E o interesse do FBI de descobrir se ele agira sozinho ou em conjunto com assassinos ainda mais perigosos era óbvio e razoável.

A Apple assumiu um risco enorme em termos de reputação. Foi criticada repetidamente pelo Procurador-Geral dos Estados Unidos, Bill Barr, por recusar-se a fazer o que os promotores queriam.

Essa, porém, era uma batalha importante para a Apple, porque os princípios centrais da empresa envolvem a questão da privacidade. A Apple trata a privacidade de forma completamente diferente das outras empresas.

A internet e os nossos telefones celulares são coisas maravilhosas, pois tornaram as nossas vidas mais convenientes e produtivas, mas, como todos sabemos, há um alto custo envolvido: a maioria de nós não tem privacidade online. Em particular, o Google e o Facebook criaram uma grande infraestrutura para coletar dados online, os quais são vendidos para anunciantes, que, por sua vez, os utilizam para direcionar anúncios online personalizados aos usuários. Cada aplicativo, cada login, cada serviço e cada conta que você acessa na internet registra os seus dados. As grandes empresas de tecnologia sabem mais sobre você que a sua família.

A Apple, no entanto, tomou um rumo diferente. Ela geralmente desincentiva os anunciantes a segmentar os usuários. Ela protege os dados online dos usuários de outras empresas. O seu browser, o Safari, bloqueia por padrão os anunciantes. O site da Apple diz: "A privacidade é um direito humano fundamental. Na Apple, é também um de nossos valores centrais". Eis uma declaração *forte*: "A privacidade é um direito humano fundamental".

A essa altura, você já deve ter percebido que, quando o FBI recorreu à Apple, basicamente pediu para a empresa que vendesse a sua alma — e uma das suas diferenças fundamentais em relação ao Facebook.

No curto prazo, dizer *não* fez da Apple uma empresa impopular, mas, no longo prazo, as suas vendas aumentaram. Os clientes entenderam a mensagem: se você quer um telefone de alta qualidade e mais privacidade online, a Apple é a empresa que leva isso a sério.

QUAL É MELHOR, A RYANAIR OU A BRITISH AIRWAYS?

O princípio que rege o seu negócio não precisa envolver, necessariamente, um ideal elevado e bem-intencionado (embora seja legal quando isso ocorre). Seu princípio pode ser puramente prático.

Vejamos as viagens aéreas.

À primeira vista, a Ryanair e a British Airways fazem a mesma coisa; ambas são companhias aéreas, mas, na verdade, elas operam negócios completamente diferentes.

A British Airways fez fortuna ao dominar as rotas de longa distância com aeronaves enormes, como o Boeing 747. Londres a Nova York. Paris a San Francisco. Esse tipo de viagem. A empresa cobra caro pelos assentos da classe executiva, que também garantem ao passageiro refeições excelentes.

Mas a British Airways ignorava as rotas mais curtas e obscuras, como Liverpool a Alicante ou Aarhus a Gdansk. Os aviões da empresa eram grandes demais. Não é possível fazer dinheiro usando-se um 747 (capacidade: setecentos passageiros) em voos de 90 minutos. E as pessoas não querem pagar preços de classe executiva para voos curtos.

Então, a Ryanair preencheu essa lacuna. A aérea de baixo custo baseia--se em uma lógica central: rotas curtas entre aeroportos menos populares, com aviões menores; as rotas que não valem a pena para a British Airways.

Quase todos os destinos da Ryanair estão a três horas de Londres, e nenhum dos seus voos cruza o Atlântico. O Boeing 737 (capacidade: cerca de duzentos) compõe cerca de 95% de sua frota, o que torna a manutenção das aeronaves mais eficiente e fácil. Todas elas requerem as mesmas peças e os mesmos reparos. A British Airways, ao contrário, opera mais de uma dúzia de modelos diferentes de aeronave, com todas as complicações de manutenção que acabam vindo no pacote.

Essas diferenças estruturais demonstram que, na maior parte do tempo, a Ryanair e a British Airways simplesmente não concorrem pelos mesmos passageiros ou pelas mesmas rotas.

Como os voos da Ryanair são curtos e a empresa não se preocupa em oferecer as comodidades dos voos de longa duração, ela consegue levá-lo para o seu destino por um preço muito baixo. Certamente, não com um conforto cinco estrelas, mas não lhe custará muito.

Tudo o que a Ryanair faz gira em torno deste princípio central: barato, curto e eficiente. Você pode não o achar muito inspirador, mas esse não é o ponto. O importante é que a Ryanair responde por uma lógica organizacional central que todos os seus funcionários, e a maioria dos seus clientes, compreendem.

E essa lógica tem gerado enormes dividendos. Atualmente, a Ryanair responde por mais rotas que qualquer outra companhia aérea, incluindo a British Airways.

PREPARE-SE PARA CONTAR A SUA HISTÓRIA REPETIDAS VEZES

A lição aqui é que a Apple e a Ryanair têm algo em comum: crenças organizacionais centrais que as diferenciam de forma qualitativa da concorrência. Princípios.

Como uma pessoa em cargo de gestão, você precisa ser capaz de articular os princípios nos quais a sua empresa se baseia para cada funcionário e cada cliente. Se não puder fazer isso, você afundará.

As pessoas querem saber qual é o panorama geral, querem ouvir qual é a sua visão e querem ouvir com muito mais frequência do que você imagina: no primeiro dia de trabalho, enquanto você discorre sobre as suas expectativas em uma avaliação de desempenho, quando um novo projeto é lançado e você deseja que todos entendam por que o seu sucesso é importante.

Para cada uma dessas pessoas, há uma diferença gigantesca entre apenas fazer o trabalho e saber por que aquele trabalho é uma parte crucial de um plano maior.

Pode-se detectar isso facilmente por meio de uma comparação entre pessoas que jogam futebol por diversão em um parque e jogadores profissionais que disputam partidas importantíssimas nos estádios da Premier League. Em teoria, é o mesmo jogo em ambas as situações, mas o futebol jogado por diversão é um esporte caótico, bagunçado. Mesmo um time de amadores talentosos mal consegue coordenar mais de três passes. Já os jogadores profissionais lançam a bola com extrema precisão sem nem precisar olhar, na certeza de que seus colegas estarão no lugar certo e na hora certa para recebê-la. Uma troca de passes pode envolver dezenas de passes precisos. Obviamente, os profissionais jogam melhor que os amadores; não há dúvidas. Mas os times realmente vencedores atuam dentro de um sistema, um método de organização. Cada jogador sabe seu papel individual e como ele se encaixa no esquema de jogo.

É a mesma coisa no trabalho. Seus princípios devem orientar a sua visão, para que a motivação por trás de seus planos seja óbvia. Todo mundo deve conhecer o plano e saber que *todo mundo* conhece o plano. Então, prepare-se para ser repetitivo.

DICAS RÁPIDAS

- O alicerce da sua gestão são os princípios. Você precisa de uma missão. Ética. Uma diferença que você deseja fazer. Um chamado superior. Uma visão do futuro. Seus funcionários e clientes precisam conhecer a razão pela qual comparecem ao trabalho todos os dias. Não pode ser apenas pelo dinheiro.
- Todos na sua equipe devem compreender por que a sua história é diferente das outras.
- Todos na sua equipe devem saber por que estão fazendo o trabalho que fazem. Eles não devem fazê-lo simplesmente porque é assim que sempre foi feito.
- Seu princípio pode ser elevado ou político, se você se orientar pela ética. Pode ser prático, se você se orientar por um design de produto superior. Pode até se basear no valor ou em preços, se a razão do seu negócio é fazer seus clientes economizarem dinheiro.
- Como gestor, você precisa ser capaz de articular os princípios nos quais sua empresa se baseia a todos os funcionários e clientes, todos os dias.
- A repetição não estraga a oração!

26

ESTRATÉGIA: COMO A AMAZON CRIOU A MELHOR LOJA DE BRINQUEDOS DO MUNDO E ENTÃO A DESTRUIU COMPLETAMENTE

Decisões estratégicas são grandes escolhas que podem afetar a essência da empresa. Elas diferem, porém, das decisões de princípio porque não envolvem um desafio existencial à razão de ser da sua empresa.

As decisões estratégicas provavelmente requerem novos investimentos e novos funcionários, novos riscos e responsabilidades, novas oportunidades e receita.

Alguns exemplos:

- Lançar ou não um novo produto.
- Competir ou não em um novo mercado.
- Iniciar ou não uma nova linha de pesquisa e desenvolvimento.

Assim como as decisões de princípio, as estratégicas podem decidir o futuro financeiro de uma empresa, mas a estratégia, em geral, envolve uma *parte* da empresa, enquanto o princípio abrange *toda* a sua existência. Vamos a um exemplo especialmente drástico, que deu muito errado.

Em abril de 2000, a Amazon e a Toys "R" Us fizeram um anúncio conjunto que mudaria o mundo dos brinquedos: as empresas se juntariam. Todas as vendas online da Toys "R" Us seriam administradas exclusivamente pela Amazon. Além disso, os únicos brinquedos vendidos pela Amazon seriam os da Toys "R" Us. Todos os outros varejistas de brinquedos foram banidos da plataforma da Amazon.

A dimensão da aliança e a velocidade com que ela foi criada eram impressionantes. De imediato, a joint venture se tornou a maior vendedora online de brinquedos do mundo. Com uma única tacada, o Walmart e a Target — que até então vendiam mais brinquedos que qualquer uma das duas empresas — se viram excluídos da Amazon e passaram a ocupar o terceiro e o quarto lugares na venda de brinquedos. O executivo da Amazon responsável pela área de brinquedos anunciou: "O plano principal é trabalharmos juntos e criarmos a maior loja de brinquedos da Terra".

Só havia vantagens para ambas as empresas. Combinadas, a Toys "R" Us e a Amazon faturaram pelo menos 12 bilhões de dólares em vendas de brinquedos naquele ano. O acordo aumentou as vendas online da Toys "R" Us em dez vezes ao longo dos anos. A principal rival exclusivamente digital da Toys "R" Us foi à falência dentro de um ano, e a Amazon ganhava uma parte em cada venda.

No papel, a aliança entre a Toys "R" Us e a Amazon foi uma das mais brilhantes estratégias de varejo já vista.

E, contudo, a história acabou na falência da Toys "R" Us.

Apenas três anos e meio mais tarde, a Toys "R" Us foi à justiça para encerrar o acordo, furiosa com o caminho que ele vinha tomando. A Amazon pagou 50 milhões de dólares à Toys "R" Us e o acordo foi cancelado. A Toys "R" Us precisou reiniciar suas operações online do zero. A empresa persistiu, mas nunca se recuperou realmente. Em 2017, a Toys "R" Us declarou falência e fechou todas as suas lojas nos Estados Unidos.

O que deu errado? Por que esse ganha-ganha óbvio morreu tão rápido?

É importante voltar a 1999, o ano anterior ao acordo da Toys "R" Us com a Amazon, para vermos o quão desesperadas estavam ambas as empresas. O período de vendas de Natal da Toys "R" Us em 1999 havia sido um desastre completo. Uma empresa rival, cujo endereço da web era semelhante — eToys.com —, conseguira ludibriar os clientes do endereço da web oficial da Toys "R" Us, Toys.com. Naquele Natal, a Toys "R" Us faturou menos de 40 milhões em vendas online. A outra empresa, eToys.com, que havia surgido do nada apenas alguns meses antes, faturou 30 milhões — em vendas que poderiam ter sido da Toys "R" Us.

Pior ainda, o site da Toys "R" Us havia aceitado muitos pedidos que a empresa não seria capaz de entregar a tempo. Quando os pais descobriram que os presentes de seus filhos não chegariam antes da véspera de Natal — denunciando, assim, a inexistência do Papai Noel —, processaram a empresa, o que rendeu a ela muitas manchetes negativas.

Então, o CEO da Toys "R" Us, John Eyler, começou a buscar alternativas. Em janeiro de 2000, executivos da Toys "R" Us e da Amazon iniciaram as conversas.

A Amazon também passara por um Natal terrível em 1999. A empresa tinha faturado 65 milhões de dólares com a venda de brinquedos, o que não é ruim para uma companhia que não vende apenas brinquedos, mas perdeu 39 milhões de dólares liquidando estoque não vendido, porque havia comprado mais brinquedos do que vendera. Quando se tratava de brinquedos, a Amazon basicamente não sabia o que estava fazendo.

Acontece que vender brinquedos é completamente diferente de vender livros, a principal competência da Amazon na época. Livros são um produto relativamente fácil de vender. Em geral, eles têm uma longa vida útil (você pode mantê-los em estoque por anos, se necessário, e os clássicos se mantêm relevantes para sempre). As vendas são consistentes ao longo do ano todo. E, mesmo se ninguém os comprar, as editoras concordam em pegar o estoque de volta e reembolsar o varejista. Quando se trata de livros, o risco de haver estoque não vendido é extremamente baixo.

Já com os brinquedos a situação é inversa. Quase um terço de todos os brinquedos é vendido imediatamente antes do Natal. Se um brinquedo não for vendido no Natal, é provável que haja uma longa espera até que o próximo comprador apareça. Há poucos clássicos entre os brinquedos — o jogo do momento em um ano é o fracasso de vendas do ano seguinte. Vender brinquedos é um negócio de pouca margem exatamente por causa do risco envolvido em se adivinhar com meses de antecedência o que vai vender. Os fornecedores definitivamente não querem os brinquedos não vendidos de volta: ninguém os quer.

Podemos entender, então, por que a Toys "R" Us e a Amazon se juntaram. Com a experiência da Toys e as habilidades operacionais online da Amazon, elas seriam insuperáveis.

UMA VITÓRIA INICIAL E UM PLANO DE *BACK-UP*

A seção da Toys "R" Us na Amazon.com já estava funcionando a todo vapor no final de setembro. O primeiro Natal foi bom. No final de 2001, a eToys.com, pretendente ao trono da Toys.com, foi à falência; uma vitória significativa. Em 1999, a diretoria da Toys "R" Us havia considerado fazer um acordo com a eToys exatamente porque ela era uma ameaça grande demais. Agora, a eToys não existia mais.

Do lado da Amazon, porém, problemas começavam a surgir. Seus executivos perceberam que a Toys "R" Us tinha dificuldade de manter os brinquedos em estoque; alguns simplesmente não estavam disponíveis, como skates e videogames, por exemplo. A Amazon também se deu conta de que a cláusula de exclusividade do contrato significava que a Toys "R" Us podia entregar bem menos que o universo completo de brinquedos que a Amazon esperava, sem enfrentar concorrência.

Sem que a Toys "R" Us soubesse, a Amazon tinha um plano de *backup*: o contrato contava com uma provisão que dizia que a Toys "R" Us teria a exclusividade de qualquer brinquedo que vendesse pela Amazon, portanto, qualquer brinquedo *não* vendido pela Toys "R" Us não se incluía nessa provisão, pelo menos na visão da Amazon.

Em 2002, um executivo da Amazon redigiu um memorando interno em que descreve a situação. "A Amazon cedeu efetivamente o controle das lojas de brinquedos e de artigos para bebês à [Toys "R" Us]. Isso nem sempre é uma coisa boa", dizia o documento. O memorando propunha que a Amazon começasse a obter produtos de outras empresas se a Toys "R" Us não fosse capaz de honrar os pedidos. A Toys "R" Us "não ficará contente com qualquer ação que viermos a tomar", continuava o memorando. Uma previsão que subestimava consideravelmente o nível de raiva que se seguiu.

Como era de se esperar, em 2003, a Toys "R" Us percebeu que produtos de empresas rivais estavam aparecendo no Amazon.com. Até a Target, arqui-inimiga da Toys, podia ser vista vendendo jogos na Amazon. A Toys "R" Us ficou furiosa com a Amazon, que, em sua visão, vinha permitindo que lojas de brinquedos concorrentes corroessem o acordo. A Amazon respondeu dizendo que a exclusividade não se aplicava se a Toys "R" Us não vendesse determinado brinquedo ou se não o tivesse em estoque. Nesse caso, a Amazon podia vendê-lo por intermédio de outra empresa.

O acordo começou a desmoronar, transformando-se em um conflito sem fim sobre quais produtos dos rivais eram permitidos ou não na plataforma da Amazon. Os executivos da Toys "R" Us viam um produto rival no site e exigiam sua retirada. A equipe da Amazon resistia ou cumpria, mas, logo em seguida, outro produto problemático aparecia e a discussão recomeçava.

Pior ainda, a Toys "R" Us ainda não estava fazendo dinheiro com as vendas da Amazon. O Natal de 2003 batera recordes, e a Toys "R" Us registrou um faturamento de 376 milhões em vendas por meio da Amazon, um resultado dez vezes maior do que ela conseguia em seu próprio site antes da joint venture. A Toys "R" Us deveria ter celebrado o feito como um grande sucesso, mas, nos bastidores, os executivos não estavam contentes. A Toys "R" Us tinha perdido 18 milhões de dólares para gerar essas vendas.

A GUERRA EXPLODE

Em abril de 2004, a Toys "R" Us descobriu que 4 mil brinquedos vinham sendo vendidos por outros fornecedores na plataforma da Amazon. Compreensivelmente, a empresa ficou furiosa e foi à justiça.

Já na Amazon, ninguém parecia furioso. Em vez disso, seus executivos achavam que a equipe da Toys "R" Us era patética. Durante o processo, uma juíza que trabalhava no caso destacou: "Como uma observação, todos os funcionários da Amazon são muito condescendentes ao falar sobre a [Toys "R" Us]".

Esses executivos decidiram posteriormente manipular a verdade, observou a juíza. Ela insinuou que não confiava no fundador da Amazon, Jeff Bezos. "Sem dúvida, seu conhecimento e sua compreensão eram muito maiores que o revelado", ela decidiu.

A Amazon perdeu o processo em 2006 e chegou a um acordo com a Toys "R" Us.

Mas a vitória pouco significou. O acordo inicial de 2000 exigia que a Toys "R" Us desativasse seu site por completo. Durante todo aquele período, quem digitasse Toys.com no navegador seria redirecionado para o endereço Amazon.com. Na segunda metade da década, a Toys "R" Us não tinha qualquer estratégia online própria; teria de recomeçar do zero.

Aqueles anos de vendas não lucrativas com a Amazon — metade de uma década — pesaram sobre a Toys "R" Us. Em 2005, a empresa fez uma compra financiada para obter novo caixa para a empresa. O acordo envolveu um investimento de 1,3 bilhão de dólares, mas a transação foi avaliada em 6,6 bilhões. Isso deixou a Toys "R" Us com um empréstimo de mais de 5 bilhões de dólares em mãos. Os pagamentos chegaram a 400 milhões por ano. A nova quantia chegou tarde demais. De alguma forma, embora registrasse rotineiramente 11 bilhões de dólares em receitas anuais, a Toys "R" Us não conseguia lidar com a dívida. A empresa entrou com o pedido de falência em 2017. (Uma nova organização adquiriu o nome posteriormente e reabriu algumas das lojas.)

DOIS CEOS QUE ENTENDERAM COMPLETAMENTE ERRADO UM AO OUTRO

Há uma interpretação superficial de toda essa situação: a Toys "R" Us não teria entendido a importância da internet, falhou em adaptar-se e acabou atropelada pela web.

Mas não foi isso que aconteceu.

A raiz do fracasso remonta a uma reunião entre os CEOs das duas empresas em 28 de junho de 2000, antes de o contrato ser assinado. John Eyler, da Toys "R" Us, viajou para encontrar-se com Jeff Bezos, da Amazon, na sede da empresa, em Seattle, especificamente para discutir a estratégia, de acordo com o *The Wall Street Journal*.

Eyler explicou a Bezos que o negócio de brinquedos gira em torno de uma pequena minoria de produtos, que são os brinquedos mais populares em determinado ano. Cerca de 1.500 brinquedos entram nessa categoria. Pode haver mais de 40 mil brinquedos diferentes à venda por ano, mas 97% das vendas virão dessa lista principal, especialmente no Natal. Se você tem os mais vendidos em estoque, tudo bem.

O desafio é que, em janeiro, ninguém sabe qual será o brinquedo mais popular em dezembro. Quem sabe o que as crianças vão querer ganhar daqui a 11 meses? Se você puder adivinhar de quantos brinquedos precisará para o Natal e quais entrarão na categoria dos 1.500 melhores do estoque, sairá como vencedor. O negócio todo se baseia em instinto, experiência e previsão. Pelo menos foi isso que Eyler contou a Bezos, enquanto explicava ao fundador da Amazon que manter uma linha relativamente *limitada* de estoque seria crucial para a aliança.

Bezos tinha uma filosofia totalmente diferente. A Amazon tivera tanto sucesso com os livros porque o site podia fornecer qualquer produto a qualquer cliente, a qualquer momento, que ele acreditava que a chave do sucesso era a variedade *mais ampla* de produtos possível. Bezos optara por fazer um acordo com a Toys "R" Us exatamente porque a empresa tinha acesso a uma variedade quase ilimitada de brinquedos.

Contudo, nenhum dos CEOs percebeu claramente, durante a conversa, que não havia entendido com exatidão a estratégia do outro. A Toys "R" Us achou que seria o fornecedor exclusivo de brinquedos da Amazon e assim poderia se concentrar na categoria limitada de brinquedos mais populares. Já a Amazon achou que havia obtido acesso à enorme variedade de brinquedos que a Toys "R" Us poderia fornecer.

Esse mal-entendido fez com que cada parte entrasse no acordo com estratégias mutuamente opostas: limitado versus ilimitado; exclusivo versus universal.

De alguma forma, ninguém notou esse abismo entre elas.

QUANDO O FRACASSO SAI CARO

Há muita coisa a se processar nessa história do fim da aliança da Amazon e da Toys "R" Us em termos de estratégia, mas o principal a se entender é: embora as estratégias de ambas as empresas estivessem alinhadas no início — e ambas estivessem motivadas a fazer a parceria funcionar —, o preço do fracasso foi alto para ambas também. A Amazon gastou milhões na criação de uma seção especial do seu site para a Toys "R" Us. Em dado momento, 40% de todo o espaço dos centros de distribuição da Amazon era ocupado pelos produtos da Toys "R" Us. E, claro, a empresa teve de pagar 50 milhões de dólares para sair do acordo.

Foi ainda mais custoso para a Toys "R" Us, obviamente. Além de fornecer os brinquedos, a empresa havia concordado em pagar à Amazon 50 milhões de dólares todo ano por seu lugar exclusivo na plataforma Amazon.com. Ela iniciava cada Natal no vermelho, em outras palavras.

E, embora seus incentivos estivessem alinhados — as duas empresas queriam vender tantos brinquedos quanto possível, da maneira mais lucrativa que pudessem —, os *desincentivos* eram diametralmente antagônicos. Os dois lados foram recompensados por seu mau comportamento: a Toys "R" Us se beneficiou ao não fornecer um universo completo de produtos; e a Amazon, ao infringir a exclusividade da Toys.

A grande diferença em termos das consequências para as duas empresas se deu porque, para a Toys "R" Us, os riscos eram muito mais altos. A totalidade do seu negócio online dependia da Amazon, um parceiro que, como seus executivos descobriram tarde demais, ela não controlava. Uma decisão estratégica pode afundar uma empresa inteira, se for ruim a esse ponto. Para a Amazon, a aliança era meramente mais uma divisão do negócio, entre inúmeras outras. O fracasso da aliança estratégica da Amazon com a

Toys "R" Us foi ruim — um fracasso de 50 milhões —, mas a Amazon não foi fundamentalmente ameaçada pelo desaparecimento da Toys de seu site.

Contudo, os fundamentos estratégicos foram os mesmos para os dois lados:

- As empresas tentaram iniciar um tipo inteiramente novo de negócio.
- Havia um risco enorme. Ambas as organizações investiram uma soma enorme de dinheiro para desenvolver a parceria.
- Não havia garantia de sucesso, e o fracasso seria custoso.

Se a decisão contém esses três sinais, ela é importante estrategicamente, e é melhor que você acerte. Dado o alto custo do fracasso tanto para a Toys "R" Us como para a Amazon, é fascinante o fato de elas terem entrado em um acordo com base em um erro.

DICAS RÁPIDAS

- Decisões estratégicas podem afetar a essência da empresa, mas não são necessariamente um desafio existencial à sua razão de estar no negócio.
- Decisões estratégicas normalmente envolvem a tentativa de se iniciar um novo tipo de negócio, como lançar um novo produto, competir em um novo mercado ou iniciar uma nova linha de pesquisa e desenvolvimento.
- Decisões estratégicas exigem investimento ou risco considerável. Às vezes, tanto um como outro podem ser grandes o suficiente para decidir o futuro da empresa.
- Geralmente, o custo do fracasso é alto. Então, você precisa acertar.

27

TÁTICAS: POR QUE OS TRENS SÃO PONTUAIS

Decisões táticas são aquelas que podem fazer a empresa avançar de maneira incremental. São as decisões mais comuns tomadas pelos gestores. Alguns exemplos são:

- Aumentar ou não o orçamento de publicidade.
- Adicionar ou não um novo representante de vendas à equipe.
- Responder ou não a uma falsa alegação feita por um concorrente na mídia.

Decisões táticas são importantes, mas rotineiras. Diferentemente das decisões de estratégia, elas não *põem em risco a empresa*. Elas têm mais a ver com a execução e a melhoria; têm a ver com o modo como você organiza a gestão da sua empresa internamente, e não com os mercados nos quais ela vai operar.

A MAIOR PARTE DO SEU TEMPO SERÁ GASTA EM TÁTICAS

É tentador concluir que as decisões táticas sejam as de menor importância. Realmente, algumas delas são triviais. Para gestores, no entanto, elas são as que você provavelmente tomará com mais frequência, todos os dias, e as que mais afetarão as pessoas supervisionadas por você.

Para a sua equipe, as decisões táticas parecerão as mais importantes, porque são as que ela sentirá com mais frequência. Em contraste, as decisões de estratégia e princípio geralmente parecerão distantes e abstratas; a maior parte do seu tempo será gasta com decisões táticas.

Como exemplo, aqui está uma tática que eu uso para me certificar de que todas as reuniões sejam pontuais. Fazer com que suas reuniões comecem e terminem no tempo certo pode parecer trivial, mas, se você já trabalhou em uma organização em que as reuniões sempre começavam com atraso, sabe o quão desanimador isso pode ser.

COMO ASSEGURAR QUE NINGUÉM SE ATRASE PARA UMA REUNIÃO

Reuniões são a maldição da gestão. Quanto mais sênior for o seu cargo, mais reuniões você provavelmente terá. Nos cargos mais altos das empresas — o nível c —, o trabalho dos gestores se resume quase em sua totalidade a participar de reuniões.

Ter muitas reuniões na sua agenda diária produz um problema de logística. Se uma delas começa atrasada, provavelmente terminará atrasada também, e isso fará com que você se atrase para a próxima. E, se essa próxima também atrasa, seu calendário inteiro começa a desmoronar como uma fileira de dominós, pois o atraso de uma reunião impacta nas outras.

Isso acontece porque as reuniões têm um ponto fraco: elas normalmente não começam até que todos os participantes cheguem. Isso, por definição, significa que a reunião é tão pontual quanto a pessoa menos pontual da equipe.

Pense sobre isso. É loucura. Por que você definiria o ritmo de uma corrida com base no atleta mais lento da equipe?

De fato, há duas famosas empresas que eram conhecidas por fazer suas reuniões na velocidade do corredor mais lento da equipe: Google e Yahoo!.

O PIOR HÁBITO DE MARISSA MAYER, CEO DO YAHOO!

O exemplo mais extremo que já vi de mau gerenciamento de reuniões envolve Marissa Mayer, ex-CEO do Yahoo!, que havia sido anteriormente uma executiva sênior do Google.

Nas duas empresas, ela era conhecida por deixar que suas reuniões se sobrepusessem umas às outras. À tarde, sua agenda contava com atrasos de horas. As pessoas ficavam do lado de fora do seu escritório, esperando que ela acabasse a reunião anterior, enquanto as próprias agendas eram arruinadas.

Um executivo do Yahoo! contou uma vez a um de meus colegas: "Não houve uma única reunião ou qualquer evento aqui, desde que ela assumiu o comando, ao qual ela tenha chegado na hora. Nenhum".

"É chocante o tempo desperdiçado e a irritação que se forma em virtude de sua falta de preocupação e compreensão de que não é apenas o tempo dela que importa. É comum ela se atrasar por mais de uma hora para as coisas", contou a fonte.

Seus atrasos se tornaram lendários no Vale do Silício. De acordo com o livro *Marissa Mayer: a CEO que revolucionou o Yahoo!*, Mayer chegou duas horas atrasada a um jantar com os CEOs da Unilever e do Interpublic Group, dois clientes gigantes de publicidade que controlavam orçamentos bilionários. Ela pegara no sono no quarto do hotel em que se hospedara para o festival de publicidade de Cannes, uma conferência importante para a mídia online. (Em defesa de Mayer, ela estava com jetlag após um longo voo da Califórnia para a França.)

Maus gestores não costumam se ater ao problema do atraso para reuniões porque não há um custo imediato envolvido em um atraso de cinco minutos. Porém, e se você estiver administrando algum negócio, como um restaurante ou um teatro, em que estar sempre atrasado for desastroso?

OS TRENS QUASE NÃO SE ATRASAM

Em Londres, uma vez peguei um trem na estação de Paddington para ir a Oxford. Cheguei dez minutos adiantado, então tinha muito tempo para me acomodar em meu assento e arrumar os meus sanduíches, um saco de batatas fritas e uma lata de gin tônica da Marks & Spencer na mesa à minha frente, como manda a tradição.

Antes da partida, olhei pela janela e notei que um homem e uma mulher que tinham chegado no horário não conseguiam abrir a porta do vagão. O condutor havia trancado as portas do trem *antes* do horário da partida.

Segundos mais tarde, o trem partiu, deixando o casal furioso abandonado na plataforma. Eles tinham chegado exatamente no horário do trem, mas chegar *exatamente no horário* é tarde demais para se pegar um trem que sai de Londres.

No Reino Unido, as empresas ferroviárias têm uma regra: os passageiros devem entrar no trem até 30 segundos antes do horário agendado para a partida. Em seguida, as portas são trancadas, garantindo que o trem parta pontualmente. (Eu sei que todo mundo reclama de os trens no Reino Unido estarem sempre atrasados, mas as estatísticas mostram que 90% dos trens do país partem no horário!) O ponto é: se você se atrasar 30 segundos para pegar um trem no Reino Unido, ele partirá sem você.

Isso é ruim para você, mas é ótimo para a maioria dos passageiros que se organizam e querem partir no horário.

É também ótimo para as empresas ferroviárias, porque não há como administrar uma malha ferroviária se o passageiro mais lento ditar o ritmo.

O TREM PARTE DA ESTAÇÃO ESTANDO OS PASSAGEIROS PRONTOS OU NÃO

Então, eu recomendo usar uma regra para as reuniões com a sua equipe, uma regra que chamo de: "O trem parte da estação estando os passageiros prontos ou não". As reuniões devem começar na hora, mesmo que alguns dos participantes estejam atrasados. Ainda que a pessoa mais importante para a reunião — o seu chefe — esteja atrasada, inicie-a sem ela.

E incentive seus funcionários a começarem sem você caso *você* se atrase.

E quer saber? Funciona. As reuniões começam na hora. Os participantes são incentivados a terminá-las no horário também, porque ninguém quer perder a próxima. E, se você perde uma reunião, ninguém liga. Não deve haver punição pelo atraso, pois ter perdido as informações passadas no início da reunião já é suficiente.

Sua empresa vai sobreviver se você chegar com cinco minutos de atraso a uma reunião. (E, se não for o caso, é um mau sinal!)

Minha regra — "O trem parte da estação estando os passageiros prontos ou não" — é, obviamente, uma mera tática, um dispositivo que o ajuda a obter agilidade no trabalho. Não é uma estratégia, pois não há risco financeiro ou uma consequência ao se agendar uma reunião. Não é um princípio, pois a alma da empresa não está em reuniões; isso seria ridículo.

É uma melhoria incremental que mantém a sua empresa em rápido movimento.

DICAS RÁPIDAS

- Decisões táticas são aquelas que fazem a empresa avançar de forma incremental; são as decisões mais comuns tomadas por gestores.
- As decisões táticas são as que mais afetam as pessoas supervisionadas por você. Para elas, as decisões táticas parecerão as mais importantes porque são sentidas com mais frequência. Decisões de princípio ou estratégia envolvem riscos mais graves, mas parecem mais distantes do pessoal da linha de frente.
- Quer que todas as suas reuniões comecem no horário? Diga aos seus funcionários que "o trem parte da estação estando os passageiros prontos ou não".

28

ERROS DE CATEGORIA: A ARTE DE ENGANAR-SE

Tudo isso é muito fácil de dizer, mas os problemas na vida real não vêm rotulados como decisões de princípio, estratégia ou táticas. Você tem de descobrir cuidadosamente, e por conta própria, qual é qual.

É importante saber que tipo de decisão você está tomando, mas é muito fácil se enganar. Às vezes, decisões importantes de princípio vêm disfarçadas de problemas estratégicos ou táticos. É fácil incorrer em erro de categoria e você achar que está resolvendo um problema tático quando, na verdade, ele requer uma decisão de estratégia ou princípio. Os problemas não anunciam a que categoria pertencem, então pense com cuidado. Ser capaz de detectar essas armadilhas é crucial.

Eis boas maneiras de testar que tipo de problema você está enfrentando:

- **Erros táticos** podem ser corrigidos rapidamente. Caso você cometa um erro desse, ninguém perderá o emprego.
- **Erros estratégicos** provavelmente custarão muito dinheiro. Eles *podem* ameaçar a empresa inteira e *podem* custar seu emprego.
- **Erros de princípio** *têm uma grande possibilidade* de fazer com que você e outras pessoas percam o emprego. Além disso, podem levar a empresa inteira à falência ou manchar a reputação da sua marca para sempre.

E SE A APPLE TIVESSE COMETIDO UM ERRO DE CATEGORIA COM O FBI?

Voltemos à história da Apple com o FBI. Claramente, a empresa tratou o pedido do FBI de desbloquear os telefones dos assassinos como uma questão de princípio, algo contrário às crenças fundamentais da organização, o que impediu a cooperação.

Mas uma empresa menos comprometida, diante das mesmas circunstâncias, poderia ter encarado a decisão como uma questão de estratégia. Por exemplo, a Apple poderia ter concluído que a solicitação do FBI ameaçava, sobretudo, a sua receita. Se desbloqueasse os telefones, a Apple talvez perdesse clientes que valorizam privacidade e segurança. A decisão estratégica teria sido não atender à solicitação do FBI para proteger essa receita.

É claro, teria sido uma péssima decisão. Cedo ou tarde, alguém descobriria que a Apple tinha dificultado as coisas para o FBI não só porque sua ética estava em jogo, mas porque só se importava com o dinheiro. E isso teria dado à Apple a imagem de uma empresa venal e cínica, o que prejudicaria a sua marca.

Também é possível que a Apple visse o pedido do FBI como um problema tático. É fácil imaginar a equipe de RP da empresa concluindo que dificultar uma investigação de terrorismo renderia manchetes terríveis. Talvez a empresa devesse apenas ceder e fazer o que o FBI queria, esperando que a situação fosse esquecida.

Mas essa também teria sido uma péssima decisão. Alguém acabaria percebendo que a retórica da Apple em relação à privacidade era falsa, pois a empresa havia criado uma porta dos fundos que permitia que um telefone promovido por ela como sendo seguro fosse invadido. As manchetes, mais uma vez, talvez fossem ainda piores.

DICAS RÁPIDAS

- Gestores tomam três tipos de decisão: de princípio, de estratégia e de tática.
- É importante saber qual tipo de decisão você está tomando, porque o custo envolvido no cometimento de um erro é diferente dependendo da categoria.
- Normalmente, você pode cometer um erro tático e corrigi-lo sem muita dificuldade.
- Erros estratégicos provavelmente envolverão um custo alto.
- Erros de princípio ameaçarão toda a sua visão e a sua credibilidade.
- Cometer um erro de categoria — achar que se está tomando um tipo de decisão quando, na verdade, essa decisão deveria ser de outro tipo — é uma maneira particularmente eficiente de se gerar uma catástrofe.

É ISSO

É isso. Discorremos sobre tudo que é importante saber para gerenciar pessoas. Espero que você tenha achado útil. Nem todos os meus conselhos serão relevantes para toda situação de todo tipo de trabalho, obviamente. Então, faça uso de seu julgamento.

E boa sorte. Você vai precisar!

Se, nesta parte final, você continua fantasiando sobre se comportar como um Chefe de Hollywood, que grita com os subalternos e demite pessoas por capricho, considere o que Steve Brill me disse enquanto eu escrevia este livro. Você deve se lembrar de Brill: foi o cara que enviou um e-mail maldoso sobre minha escrita para todo o escritório.

Atualmente, ele fica constrangido só de se lembrar de ter sido *aquele cara*. Desde então, tem feito esforços para mudar.

"Aquilo foi realmente um clássico exemplo de gestão estúpida, impulsiva e terrível", ele me disse, quando me lembrei do episódio ao falar com ele. "A frustração com a qualidade do trabalho, justificada ou não, nunca deve ser uma desculpa para envergonhar alguém em público."

"Eu costumava responder a inquirições como essa dizendo que tais incidentes tinham a ver com a qualidade do nosso produto, não com o fato de alguém não ter me trazido uma xícara de café com a rapidez que eu queria. Mas não é suficiente. Além de ser injusto, é contraproducente, porque alimenta o medo e não leva a um bom histórico de recrutamento, algo de que me orgulho", continuou. "Se você não melhora em algo — neste caso, gestão e treinamento — depois de ter feito isso por décadas, realmente a coisa está indo muito mal."

Aí está. Até os Chefes de Hollywood acabam se arrependendo do que fazem.

(Brill, porém, não cede na questão de ter mordido Jim Cramer em uma piscina: "Ainda continuo a dizer que Jim inventou isso, mas tanto faz".)

Eu disse no início do livro que cada capítulo incluiria um resumo com marcadores, para o caso de você não ter tempo de ler a coisa toda. Então, eis uma seção de dicas rápidas para o livro inteiro.

DICAS RÁPIDAS

- Se alguém trabalha para você, agradeça. Agradeça por tudo.
- Tenha um plano. Melhor ainda, transforme o plano dos outros no seu plano.
- Uma boa seleção de pessoal resolve 80% dos seus problemas. Você deve priorizar a contratação de novos talentos sobre quase qualquer outra tarefa de gestão.
- Cada nova contratação deve elevar o nível de talento médio da equipe.
- Vença a guerra contra o cultivo de cogumelos: não enrole os seus funcionários. Eles querem que seus chefes sejam claros em relação à tarefa que têm pela frente. Seja transparente.
- Mudar é melhor que perder o emprego. Seja direto com seus colegas sobre o que a mudança trará. Vale a pena descrever o panorama geral para que todos entendam a natureza do negócio em que vocês estão inseridos e o que está em jogo.
- A repetição não estraga a oração. A base de uma boa comunicação é a repetição, e você terá de usar todos os canais de comunicação disponíveis.
- Priorize e exclua: mantenha sua equipe concentrada nas tarefas mais importantes, excluindo rotineiramente os trabalhos mais triviais de suas listas de pendências.
- Use o método de tubarões e zebras para fazer com que seu pessoal pense sobre por que teve sucesso ou fracassou. Aprenda com ambos.
- Elogie o sucesso quando o vir. Use exemplos de sucesso para gerar novas ideias sobre outros tipos de trabalho, produtos ou serviços que também possam ser bem-sucedidos.
- Utilizar continuamente o método de tubarões e zebras aumentará tanto o desempenho médio da sua equipe quanto os resultados totais que ela alcançará, sem a necessidade de adicionar trabalho, habilidade ou pessoal. A consistência é o duende da excelência.

- Use o poder incrível de ser um pouco melhor que a média. Faça com que as pessoas deixem de trabalhar em tarefas de baixo desempenho e as transfira para tarefas mais produtivas.
- Você está navegando em um oceano de melhoria constante, e os seus barcos são impulsionados por isso. Novas ideias geram crescimento, e as pessoas tendem a melhorar em seu trabalho com o tempo. Essas duas dinâmicas o ajudarão a gerar ganhos compostos em desempenho no longo prazo.
- O trabalho não é uma competição de popularidade, mas de dar conta das suas tarefas. Julgue os funcionários pela qualidade do trabalho, não por sua habilidade de levar as coisas no papo.
- Solucione o problema do clube de striptease com dados. Não gerencie com base em relatos. Use dados tangíveis, mensuráveis e verificáveis.
- Cuidado com a falácia dos quants: há uma diferença entre ter bons dados e basear seu julgamento em bons dados. Não terceirize seu julgamento para os dados.
- Lembre-se da regra dos cinco: as equipes com seis ou mais membros se aproximarão do limite da disfunção.
- Gerenciar para cima é uma habilidade muito desvalorizada. Promova as pessoas que demonstram comportamento de nível quatro. (E use o teste do Van Halen para evitar a promoção de pessoas que não conseguem seguir instruções.)
- Corte o problema pela raiz. Os problemas não vão embora sozinhos. Envolva-se o mais rapidamente possível para resolvê-los.
- Se os seus funcionários acham que o único motivo que têm para irem ao trabalho é o dinheiro, você provavelmente é um mau gestor.
- Gestores tomam três tipos de decisões, com base em princípios, estratégia ou táticas.
- Normalmente, você pode cometer um erro tático e corrigi-lo com pouca dificuldade. Erros estratégicos provavelmente envolverão um alto custo. Erros de princípio ameaçarão toda a sua visão e a sua credibilidade.
- Cometer um erro de categoria — achar que se está tomando um tipo de decisão quando, na verdade, essa decisão deveria ser de outro tipo — é uma maneira particularmente eficiente de se gerar uma catástrofe.

AGRADECIMENTOS

Há muitas pessoas a quem devo agradecer pela ajuda que me deram enquanto eu escrevia este livro.

Primeiro, Philippa Stock, por sua paciência e seu apoio enquanto eu preparava o manuscrito. Christopher Parker, na Harriman House, por sua orientação incrivelmente útil na preparação do livro.

Os editores com quem trabalhei nos últimos dez anos são as pessoas com as quais mais aprendi. Sua competitividade intensa construiu uma organização formidável que, por muito tempo, foi subestimada de maneira consistente pelo resto do mundo. Também sou grato a todos os meus colegas — houve centenas — que foram cobaias involuntárias em minha obsessão com tubarões e zebras e outros temas deste livro.

SOBRE O AUTOR

Jim Edwards foi editor-chefe da divisão de notícias da *Insider* e editor fundador da *Business Insider* UK. Também foi editor da *Adweek* e Knight-Bagehot Fellow na Columbia Business School.

Seu trabalho foi divulgado em veículos como *Slate*, *Salon*, *The Independent*, *The Nation*, AOL e MTV. Foi agraciado com o prêmio Neal de jornalismo de negócios em 2005 por uma série de reportagens investigativas sobre subornos e propinas no setor de publicidade.

Se você tem comentários para o autor ou dúvidas sobre este livro, entre em contato pelo e-mail saythankyouforeverything@gmail.com.

ANOTAÇÕES